수성, 가족기업의 두 번째 이야기

100년을 지키고 200년을 이어갈 소통과 혁신의 DNA

이 도서의 국립중앙도서관 출판예정도서목록(CIP)은 서지정보유통지원시스템 홈페이지(http://seoji.nl.go.kr)와 국가자료공동목록시스템(http://www.nl.go.kr/kolisnet)에서 이용하실 수 있습니다. (CIP제어번호 : CIP2014025435)

튼튼한 건강한 가족

목 차

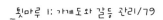

프 롤 로 그

어젯밤 가끔씩 일어나는 스트레스성 위장 장애로 잠을 잘 못 잤는지, 승현은 침대에서 서서히 몸을 일으켜 세우며 온갖 인상을 다 찌푸렸다. 마치 용트림을 하듯이 몸을 비비 꼬며 일어나는 모습을 보자 안쓰러운 듯 그의 아내가 말했다.

"그렇게 피곤해서 다녀올 수 있겠어요?"

"무슨 소리야! 피곤한 건 피곤한 거고, 약속은 약속이지. ……
그리고 당신 몰라? 골프 치는 사람들 간에는……"

승현이 여기까지 말하자 그의 아내는 이미 수십 번도 넘게 들었다는 듯 말을 가로채며 말했다.

"아……, 알죠, 알고말고요. 골프 약속은 본인 사망 빼고는
무조건 지켜야 한다는 거요!"

"후후, 그렇게 잘 아는 사람이……."

승현의 말에 그녀는 지지 않고 한마디 더 했다.

"그러다 당신 몸 상할까 봐 그러죠, 휴……. 갈 거면 얼른 서
두르세요, 늦겠어요."

승현은 아내의 재촉 어린 말투에 미간을 찌푸리며 욕실로 향했
다. 안 그래도 요즘 미진한 일이 너무 많아 피곤이 겹겹이 쌓여
있는 상태였다. 마음 한편에서는 쉬고 싶은 생각도 굴뚝같았지
만, 그래도 오랜만에 만나는 멤버들과의 편안한 라운딩이라 무
리를 해서라도 다녀오면 오히려 정신 건강에 훨씬 좋을 것도
같았다. 이런 생각을 하며 승현은 서둘러 샤워를 마치고 나갈
준비를 했다.

춘분이 지나자 제법 봄 느낌이 나기 시작했다. 아침저녁으로 아직 쌀쌀하기는 하지만 낮에는 기온이 17도 이상 올라갈 정도로 고온 현상이 나타나는 요즘이다. 어떤 날은 서울의 한낮 기온이 20도 이상 될 때도 있으니, 이러다 성큼 여름이 오는 게 아닌가 싶을 정도였다. 안 그래도 점점 봄이라는 계절이 실종되는 것 같다고, 그런 계절이 있기나 했었냐고 우려 반 농담 반의 목소리들이 많았는데, 어느새 이것이 실제가 되는 시대를 살고 있다니 놀라울 따름이었다.

차창을 열고 달리는데 아침 공기가 제법 시원하게 다가왔다. 약속 시간은 오전 8시. 승현은 잠시 후면 만나게 될 반가운 멤버들의 얼굴을 하나하나 떠올려봤다. 가족기업 컨설턴트인 승현과 고객으로서 연을 맺은 A라는 가족기업의 김 회장, IT 인프라 업계의 선두를 달리는 IT 회사 이 부사장, 그리고 역시 업계에서 알아주는 PEF 투자 전문가 황 본부장, 이렇게 네 명이서 라운딩을 하기로 약속된 오늘이다.

사실 분당 C.C.의 회원인 김 회장이 너무 오래전에 예약을 잡아놓은 터라 하마터면 승현도 오늘의 약속을 깜빡할 뻔했다. 다행히도 일주일 전쯤 걸려온 김 회장의 전화를 받고서야 승현도 나머지 멤버들에게 확인 전화를 돌릴 수 있었다

"조 대표! 잊지 않았죠? 우리 다음 주 금요일에 분당에서 봅시다."

김 회장은 언제나 간단명료했다. 뭐든 길게 얘기하는 법이 없고 고민도 오래하지 않는다. 시원시원하고 명쾌한 것이 김 회장의 장점이었다. 아닌 것에 대해서도, 잘못한 것에 대해서도 화끈하게 인정하는 모습은 정말 높이 살 만한 어른의 모습이라고 할 수 있었다. 김 회장 덕분에 승현 역시 오늘의 약속을 상기시킬 수 있었고, 이어 승현이 멤버들에게 전화를 돌렸을 때 다행스럽게도 모두들 스케줄을 잊지 않고 있었다.

겨울철과 달리 조금은 가벼운 옷차림으로 운동할 수 있다는 면에서 오늘의 약속은 타이밍이 좋았다는 생각까지 들 정도였다. 목적지가 다가올수록 승현은 오히려 아침에 느꼈던 피로가 풀리는 느낌을 받았다. 그리고는 생각했다. 가끔은 이렇게 사무실을 벗어나 바깥 공기를 쏘이는 것이 도움이 된다고.

*

분당 C.C에 도착해 회전문을 열고 로비로 들어서자 안내 데스크 앞에 서 있는 김 회장의 모습이 보였다. 그런데 어쩐지 김 회장의 표정이 밝아 보이지 않았다. 바지 뒷주머니에서 손수건을 꺼내 이마를 톡톡 두드려가며 닦는 모습이 포착되자, 승현은 무슨 문제가 생긴 것이라고 짐작하며 그쪽으로 서둘러 다가갔다.

"아니, 그러니까…… 내가 착각한 거로군요. 어허! 이를 어쩐다……."

김 회장의 목소리 곁으로 승현이 바짝 다가가보니 김 회장이 혀를 끌끌 차며 난감한 표정을 짓고 있었다. 고개를 좌우로 돌려보니 다른 멤버들의 모습은 아직 보이지 않았다.

"김 회장님! 무슨 일이라도 생기셨어요?"

승현의 등장이 반가운 김 회장은 미간의 주름을 펴며 말했다

"주 대표! 마침 잘 있이요. 혹시 내가 라운딩 날짜를 말할 때

3월 29일 금요일이라고 했던가요, 아니면 뭐라고 했던가요? 혹시 조 대표는 어떻게 기억하고 나왔어요? 허허……, 이거 뭔가 질문이 웃기죠?"

오늘의 약속에 대해 확인 전화를 받았을 때 별 의심 없이 받아들인 내용을 이런 식으로 확인하자, 승현은 몹시 당황했다.

"그게……, 그러니까 ……."

승현은 일단 짧게 대답하고는 김 회장이 전화상으로 한 이야기를 다시금 떠올려봤다. 이어, 더듬더듬 생각나는 대로 말을 이어나갔다.

"그러니까 ……. 지난주에 전화 주셨을 때, 아! 맞다! '다음 주 금요일에 만나자'고 하셨어요. 네! 네! 금요일요. 근데 날짜를 말씀하셨는지는 저도 가물가물……."

"어허……, 그러게요. 내가 날짜랑 요일을 착각했지 뭐예요. 애초에 29일 토요일로 예약해놓고 으레 29일은 금요일, 금요일은 29일! 이렇게 철석같이 믿었지 뭐예요? 날짜 지나가는 건 생각도 안 하고, 그저 금요일만 머릿속에 떠올렸더니 이런 낭패가……."

"그렇게 된 거군요. 뭐, 그럴 수도 있지요. 그러고 보니 저도 날짜 가는 것도 모르고 살았네요. 하하……."

승현은 혹시라도 김 회장이 민망해 할까 봐 너털웃음을 지어보이며 큰 소리로 말했다. 그때 저쪽에서 나머지 멤버 두 명이 걸어오는 것이 보였다. 승현은 얼른 달려가 반갑게 인사하며 혹시라도 김 회장이 자신의 실수로 인해 행여 눈치라도 볼까 싶어 조심스럽게 자초지종을 설명했다. 그제야 다들 스마트폰이나 다이어리를 꺼내 자신의 스케줄을 확인했다. 그리고는 연신 날짜와 요일을 확인해가며 고개를 갸우뚱거렸다. 금요일만 생각했지 날짜와 요일을 함께 기억하는 이는 아무도 없었다. 그도 그럴 것이 이 둘은 승현으로부터 "3월 넷째 주 금요일 라운딩"이라고만 전해 들었기 때문이었다.

"모두들 미안하게 됐어요. 내 불찰로 이렇게 귀한 시간을 뺏어서……, 원. 그렇다고 원래 예약 날짜인 내일 다시 올 수는 없는 노릇이고,…… 알아본 바로는 두어 시간 기다리면 취소가 된 시간에 자리가 날 거라고 하니 아침 식사 하면서 기다리는 건 어때요?"

김 회장은 자신의 잘못을 바로 시인했고, 오히려 다음 계획을 바로 제안함으로써 자신에게 향하는 질타의 화살을 얼른 차단해버렸다. 그런 면에서는 참으로 영리한 사람이었다. 이때 잠깐의 침묵을 깬 건 역시 승현이었다.

"다들 그…… 그럴까요? 어떻게 생각하세요? 오히려 예약일이 어제 날짜였는데 우리가 오늘 온 거면 그게 더 낭패잖아요, 안 그래요? 좋게 좋게 생각합시다!"

승현의 말에 다들 고개를 끄덕이며 동의하는 눈치였다. 분위기를 살피던 승현은 이때다 싶어 한마디 더 거들었다.

"김 회장님! 어쩌면 라운딩하기 전에 서로 대화 좀 하라고 이런 시간이 마련된 것 아닐까요? 우리 매번…… 이렇게 나와도 운동만 하느라 심도 깊은 대화는 사실 잘 못 하는 편이잖아요. 안 그래요? 하하……."

"하하,…… 그런가요? 그렇게 생각해주면 고맙구요! 자자,
…… 그럼 식당으로 이동합시다!"

*

승현은 네 명의 구심점답게 대화를 주도해나갔다. 당연히 업계
이야기가 우선이었다. 그중에서도 작년에 통과한 「중견기업법」
을 비롯해 '가족기업', '중견 기업'에 관한 이야기가 단연 화제
였다.
사실 이들 중에서 PEF 투자 전문가인 황 본부장의 경우는, 오
래전부터 '가족기업'에 대해 부정적인 견해를 가진 멤버였다.
하지만 승현을 비롯한 지금의 라운딩 멤버들과 함께 어울리는
과정에서 다른 관점에 대해 듣게 되면서부터 이전보다는 귀를
열게 됐다.
그때 김 회장이 뭔가 생각났다는 듯 화제를 꺼내들었다.

"참! 다들 (주)재동전기 이 회장네 이야기 들었어요? 후계자
문제도 그렇고 여러모로. 고민이 많은 것 같던데……. 지난번
장수 기업 CEO 조찬 모임 때 보니까 이 회장 표정이 많이 어
둡더라고요. 실제로 요즘 몸도 안 좋다고 하고……."

자리에 앉은 이들 모두 이미 들어서 안다는 듯 고개를 끄덕였다. 이어 승현도 가족기업 컨설팅 전문가의 입장에서 한마디를 슬쩍 거들었다.

"(주)재동전기 이 회장님! 잘 알고말고요. 요즘 들려오는 이야기들 보니까 아주 힘드시겠더라고요. (주)재동전기로 말할 것 같으면 저희 회사가 가지고 있는 가족기업 경영 모델의 모든 이슈가 총망라된 회사예요. 여기 김 회장님을 비롯해 다른 중견 가족기업들도 (주)재동전기의 사례를 유심히 관찰해보시면 회사의 관리 항목을 적용하는 데 꽤 큰 도움이 될걸요?"

승현의 말에 김 회장이 반색을 하며 말했다.

"그 정도예요? 그렇게 큰 도움이 되는 이야기라면 라운딩 미루고 어디 한번 제대로 들어볼까요?"

김 회장이 농담 섞인 한마디를 던지자, 승현은 "네에?" 하고 격하게 반응하는 것으로 맞장구쳤다. 그때였다. 예전보다 나아졌다고는 하나 여전히 가족기업에 대해 부정적 시각을 지닌 황 본부장이 물었다.

"중견 가족기업에 대한 관심이 점차 확대되고 있다고는 하지만 여전히 문제점이 많지 않나요? 섣불리 투자하기에는 아직도 염려되는 게 많던데……. 어떻게 생각하세요, 조 대표님은?"

이런 질문을 왜 안 하나 생각하고 있던 승현은 기다렸다는 듯이 질문에 대답을 했다.

"그동안 가족기업이라고 하면 부정적인 시각이 많았던 건 사실이에요. 경영 시스템도 미비하고, 디지털 시대에 여전히 아날로그를 지향하고 있고, 보수적인 회사 운영은 말할 것도 없구요."

"어디 그뿐인가요? 가족 간의 갈등 표출로 사회적 인식이 극도로 나쁜 경우도 있고, 자기 가족만 위하고 사회적 책임은 다하지 않는 것도 문제라면 문제지요, 음……."

승현의 대답에 김 회장이 툭 끼어들며 자조적인 말 한마디를 보탰다. 승현은 씩 웃으며 계속해서 말을 이어나갔다.

"이런 문제점들을 잘 관리하고 있는 가족기업에 투지한 경
우, 경영자의 높은 애사심과 책임감, 멀리 보는 시각이 경영
실적을 높여 요즘은 좋은 수익을 거두고 있다고도 하니까,
이런 시각으로 투자대상 기업을 보는 것도 좋을 것 같아요.
무조건 부정적으로만 보지 말고요!"

승현의 말에 잠자코 끄덕이며 반응하던 황 본부장이 대답했다.

"물론이지요, 그런 것들이 관리되고 개선된다면 오랜 업력의
DNA와 안정성에 얼마든지 투자할 여지가 있다니까요! 암
요! 투자하고말고요!"

황 본부장의 말에 모두들 식탁이 떠나가라 웃었다.

3월의 은은한 아침 햇살이 식당 창가에 앉은 이들의 어깨 위에
살포시 내려앉고 있었다.

산세비에리아

마당 한쪽에 자리하고 있는 화단에서 이제 막 분갈이를 한 꽃나무들을 정성스럽게 매만지는 김 집사는 이재하 회장이 찾을세라 부지런히 손을 놀리고 있었다. 몇 년 전 이 회장이 마른기침을 심하게 하기 시작하면서부터 공기정화용으로 좋다는 산세비에리아를 침실에 들였는데, 봄이 되자 다시금 분갈이를 해 아들과 며느리의 침대 머리맡에 놓아줄 요량이었기 때문이다. 흙 묻은 손으로 이마의 땀을 닦아가며 부지런히 일하는 김 집사의 모습을 바라보던 이 회장은, 거실 안쪽 흔들의자에 앉아서 신문을 보다가 이내 무릎에 툭 내려놓고는 김 집사를 향해 이리 오라고 손짓을 했다. 마음속에서는 '이 봐!'라고 큰 소리로 외치고 있었지만, 안타깝게도 그 소리는 영 기운이 없는 이 회장의 입안에서만 맴돌 뿐이었다. 더욱이 김 집사는 고개를 숙이고 있었기에 전혀 이를 알 턱이 없었다. 그때 김 집사에게 고맙게도 기별을 해준 것은 이 회장의 맏며느리 미란이었다.

"김 집사님! 아버님이 찾으시는 거 안 보여요? 얼른 가보세요!"

미란은 정원으로 나가 바람이나 쏘일 생각으로 거실을 나서다가 김 집사를 찾는 이 회장의 모습을 보고는 즉시 김 집사에게 다가가 일러준 것이었다. 예의 쌀쌀맞은 투로 말을 건네는 모습은 여전하다고 김 집사는 생각했다. 하지만 이쯤이야 이력이 났다는 듯 김 집사는 하던 일을 멈추고 이 회장에게 달려갔다. 그 꽁무니를 빤히 쳐다보던 미란은 김 집사의 모습이 현관문 안으로 사라지자 크게 기지개를 켜며 한숨을 내쉬었다. 혼잣말도 이어졌다.

'아……, 언제까지 이 집에서 살아야 하지?'

*

40여 년 전통과 역사의 전기 회사 (주)재동전기는 이 회장이 맨손으로 일구어낸 회사다. 아버지가 갑자기 돌아가시면서 어린 나이에 자연스럽게 물려받은 가업이었다. 정확히 말해 사실 가업이라고도 할 수 없는 것이, 그 당시 이 회장의 아버지는 하루 벌어 하루 먹고사는 일용직 노동자였다. 그런데 이 모습을 안타깝게 지켜보던 친척 어른이 "자네 이쪽으로 재주가 있는 것 같은데, 이 일 한번 해볼 텐가?"라고 하시며, 전압 조정기를 생산·판매하던 회사를 떡하니 맡긴 것이다. 성실함이 무기였던 아버지는 친척 어른 밑에서 밤낮으로 열심히 기술을 배웠고, 급기야 어린 이 회장에게도 당신을 따라 그 기술을 배울 것을 권했다. 마치 당신이 머지않아 세상을 뜰 것을 짐작이라도 한 것처럼 말이다. 실제로 그 이듬해에 이 회장의 아버지는 거짓말처럼 어린 이 회장을 두고 눈을 감고 말았다. 슬퍼할 겨를도 없이 이 회장은 아버지가 벌여놓은 이 작은 개인 회사를 어떻게든 꾸려나가야 하는 숙명에 처하게 됐다. 그때 이 회장의 나이는 고작 스물 하나에 지나지 않았다.

*

이 회장과 김 집사의 대화에 슬그머니 기척을 들이민 것은 미란이었다. 정원에서 바람을 쏘이는가 싶더니 어느 틈엔가 방에 들어와 나갈 채비를 끝내고 둘의 곁에 서 있는 것이다.

 "아버님! 저 외출해요. 필요한 거 있으시면 김 집사님이나 주
 방에 아주머니 계시니까, 찾으세요!"

 "그래, 다녀오거라."

굳이 행선지를 묻지 않는 이 회장에게 미란은 오히려 더 보란 듯이 말했다.

 "회사에 가서 어머니 뵙고 오려고요!"

짐작했지만 모르는 척 이 회장이 대꾸했다.

 "성수 어미를?"

"하던 얘기는 마저 해야 하니까요!"

"어험……."

또 그 이야기냐는 듯, 이 회장이 헛기침을 하며 고개를 돌렸다. 그런 이 회장에게 누가 보면 예의도 없는 며느리라고 욕할 정도로, 미란은 차갑게 말했다.

"아버님! 그렇게 피한다고 될 문제가 아니잖아요."

이 회장은 겨우 한마디 했다.

"아가……, 이 늙은 시아비를 생각해서라도……."

말꼬리를 흐리는 것으로 보아 더는 대화를 하려는 의지가 보이지 않았다. 답답해진 미란은 대화를 포기했다.

"그럼, 다녀오겠습니다."

미란은 성의 없이 인사를 하고는 재빨리 자리를 떴다. 미란이

나가자 이 회장은 깊은 한숨을 내쉬었다. 이 회장의 표정을 읽은 김 집사는 흔들의자에서 이 회장을 부축해 침실로 인도했다. 그러자 이 회장은 건장한 체격의 김 집사의 팔을 꽉 움켜쥐며 재차 말했다.

"내가 아까 한 말 알지? 우리 며늘애 방 안에 예쁘게 하나 갖다 놔줘. 속으로는 좋아할 거야."

"네, 염려마세요. 그렇게 하겠습니다."

정원에 있던 김 집사를 불러 이 회장이 당부한 것은 당신이 좋아하는 산세비에리아를 미란의 방에도 하나 갖다놓으라는 것이었다.
큰아들 성수와 날카롭게 대립하는 날이 허다한데 방 안에 싱싱한 화초라도 있으면 불처럼 끓어올랐던 마음이 조금은 누그러지지 않을까 하는 배려에서였다. 그렇게라도 큰며느리에 대한 미안함을 조금씩 덜어내려는 심산이었던 것이다.

첫 만남

벌써 2주째 회사에 나가지 못하고 있는 이 회장의 시름은 점점 더 깊어만 가고 있었다. 그동안 이 회장은 고혈압과 당뇨, 심장 부정맥 등 온갖 심장질환으로 고생하고 있었다. 급기야 5년 전 담낭 수술을 받은 뒤 급성 췌장염 등의 합병증까지 오고야 말았다. 일순간에 건강상태가 급격히 나빠지면서 하루가 멀다 하고 입원과 퇴원을 반복하고 있는 중이었다. 상황이 이렇다 보니 안팎에서 이 회장의 후계자 자리를 놓고 말들이 많은 상태였다.

한편 업계에서는 이미 소문이 파다해 이 회장 가족 중 누구 뒤에 줄을 서야 하는지 삼삼오오 모이면 모두들 수근덕대는 모습까지 보이곤 했다. 그 시각, 몸은 회사에 있지만 마음은 어디 먼데 있을 것이 뻔한 장남 성수에게 이 회장이 전화를 걸었다. 성수는 벨이 두어 번 울리기도 전에 바로 받았다.

"네, 아버지."

"며늘애……. 30분 후면 회사에 도착할 거다. 네 엄마 보러 간다고 나갔는데, 큰소리 나지 않게 네가 잘하라고!"

"네. 그럴게요."

처음 있는 일은 아니라는 듯, 성수는 크게 당황하는 기색이 없었다. 다만 이 회장에 대한 미안한 마음만은 커보였다.

"죄송합니다, 아버지."

그때까지 조용조용 이야기하던 이 회장이 답답한 마음에 소리를 높여 말했다.

"죄송하기는 하냐? 사내 녀석이 돼서는 여자 마음 하나 건사도 못 하고, 쯧쯧. 아무튼 네 엄마랑 얘기 길어지지 않게 하고, 데리고 나가서 맛있는 거 사 먹이고 들어오너라."

"네, 그럴게요. 그럼 들어가세요."

이 회장과 전화 통화를 마친 성수는 온몸에서 힘이 다 빠져나가는 것 같았다. 미란과 대면하는 일은 골치 아픈 수학문제를 푸는 것처럼 늘 만만치 않았기 때문이었다. 생각해보면 미란을 처음 만나기로 한 그날부터 성수는 진땀을 흘렸다.

*

서서히 나뭇잎이 붉게 물들기 시작하던 어느 초가을 무렵, 소공동의 한 호텔에서 미란을 만나기로 한 성수는 시간 계산을 잘못하는 바람에 이미 차 안에서 약속 시간 30여 분을 훌쩍 흘려보내고 있었다. 초조한 마음에 클랙슨을 울려가며 속력을 내보려고 애써봤지만 이미 사방이 꽉 막힌, 그것도 토요일 오후 할인 행사를 하고 있는 서울 시내 백화점 주변 거리에는 딱히 묘안이 없어보였다. 그때 성수의 휴대전화가 울렸다.

"네, 여보세요."

성수가 전화를 받자마자 전화기 너머에서는 조금은 흥분한, 하지만 결코 침착함을 잃지 않은, 한 여성의 냉정한 목소리가 들려왔다.

"이성수 씨? 고미란이라고 하는데요, 저희 부모님께는 제가 퇴짜 놓았다고 할게요."

성수는 대번에 그녀가 누구인지 알 것 같았다.

"저기……, 그게 무슨 말씀이신지……."

이런 상황에도 너무나 차분하게 반응하는 성수였다. 그러한 말투가 좋게 들릴 리 없던 미란은 조목조목 따지듯이 말했다.

"이봐요, 이성수 씨! 저는요, 약속 시간에 나타나지 않는 남자를 30분 넘게 기다리는…… 쓸데없이 인내심 많은 여자로 보이고 싶지 않거든요! 무슨 뜻인지 아시겠어요?"

"정말 죄송합니다, 차가 너무 막혀서요. 지금 부지런히 가고 있습니다."

미란은 성수의 변명은 들으려고 하지 않고, 오히려 자기 할 말을 더 쏟아냈다.

"부모님들한테는 그냥…… 내가 당신이 너무 마음에 안 들어서 자리 박차고 나간 걸로 해주세요! 그 정도는 당연히 해줄 수 있죠? 그럼 이만……."

"아……, 그게…… 저기요……, 고미란 씨!"

"……."

맥없이 끊겨버린 휴대전화를 들고 성수는 한동안 어쩔 줄 몰라 했다. 어차피 이 만남은 형식적인 것이었고 이 둘은 결혼해야 하는 운명임을 피차 모르는 바 아니었건만, 미란이 저렇게 나오는 것은 그만큼 성수의 지각이 무척이나 불쾌하다는 의미였다. 한편 성수는 생각했다. 자신은 그렇다고 쳐도, 부모님 뜻에 따라 사랑 없는 결혼을 해야 하는 입장이 뭐 그리 달갑디고 칫 만남부터 몇 십 분씩 늦는 남자를 그녀가 고분고분 기다려야 하는 것인지 말이다. 성수 자신이 생각해도 백번 이해되고도 남는 대목이었다. 그러면서도 한편으로는 걱정이 앞서기도 했다.

'휴, 집에다가는 뭐라고 말하지?'

벌써부터 성수의 이마에는 송골송골 땀방울이 맺히고 있었다. 아직 늦더위가 남아 있는지, 차창을 내리자 시원한 가을바람 대신 뭔가 텁텁한 느낌의 바람이 성수의 얼굴을 휘감았다. 그 바람에 더 답답해진 성수는 차를 돌려 한강으로 향했다.

관 계 와 관 계 사 이

전압 조정기를 생산·판매하던 소규모 회사에서 지금의 재동전기로 성장하기까지 일등 공신을 꼽으라고 한다면, 단연 이 회장의 처 박동숙이다. 재동전기는 이재하 회장의 '재' 자와 박동숙 감사의 '동' 자를 합해 만든 상호로, 둘이 함께 고생해서 일구어낸 회사라는 의미가 담겨 있다.

재동전기는 1990년대 후반 IMF 경제위기 때 받아놓은 어음이 결제되지 않아 현금 흐름이 막혀 휘청거렸던 한 번의 쓰라린 아픔 이후, 어음 발행을 없애고 현금결제방식으로 전환해 오히려 더 탄탄히 자리를 잡았다. 심지어 2000년대 초 유망 중소기

업으로 선정되는 등 탄력을 받으며 고속 성장을 한 끝에, 지금
은 연매출 1,500억 원이 넘는 어엿한 중견 기업으로 자리를 잡
았다. 각종 전기, 산업 기자재를 비롯해 등기구, 안정기, 크린
룸 조명, LED 조명 등을 제조하는 중견 제조업체로, 가족이 기
업에 참여해 회사를 이끌어가고 있었다. 이러한 재동전기가 이
회장의 은퇴를 앞두고 후계자문제와 기업의 경영문제에 당면
했다. 이를 놓고 가족 간에 갈등이 끊이지 않은 것이다.

*

"저 왔어요."

월 마감 계수를 확인해보고 있던 동숙은 예고 없이 들이닥친
미란을 보며 움찔 놀라는 기색을 보였다. 하지만 이내 표정을
가다듬고 떠보듯이 말했다.

"이 시간에 어쩐 일이니? 성수랑 약속했니?"

"제가요? 그이랑 왜요?"

"왜 또 그러니?⋯⋯. 우선 이리로 앉으렴. 마실 것 주련?"

"아뇨, 됐고요. 제가 드리고 싶은 말씀은⋯⋯."

"무슨 얘기로 또 시어미 겁주려고? 그러지 말고 우리 외식하고 들어갈까? 어디⋯⋯, 가만 보자⋯⋯. 성수가 자리에 있으려나?"

"어! 머! 니!"

동숙은 이것쯤은 익숙하다고 여기는 것 같았다. 한껏 목소리를 높여 소리치는 미란의 시선을 피해 책상에서 안경을 가져다가 얼른 두 눈에 걸치고는, 손에 쥐고 있던 휴대전화 버튼을 눌러 성수를 찾았다. 신호음이 가는 사이 동숙은 안경 너머로 미란을 힐끗 쳐다봤다. 몇 분 사이이기는 하지만, 방금 전 문을 열고 막 들어왔을 때보다는 한풀 꺾인 느낌이었다. 하지만 시어머니 앞에서도 다리를 꼬고 앉아 네일케어 받은 손가락을 만지작거리고 있는 모습은, 딱 봐도 이 집안의 서열이 어떻게 되는지 보여주는 대목이다. 그때 동숙의 사무실 문 밖에서 노크 소리가 들렸다. 성수였다. 동숙은 문을 열이 안으로 들이며, 성수를 향해 살짝 윙크를 날렸다.

"이게 누구야? 우리 집 장남 아냐? 안 그래도 미란이가 와서 저녁 먹으러 가자고 전화 거는 참인데……, 그럼 우리 앉을 거 없이 바로 나갈까?"

그때, 미란이 무슨 이런 경우가 있냐는 듯이 버럭 화를 내며 말했다.

"어머니! 제가 왜 왔는지 계속 그렇게 모른 체하실 거예요? 그리고 당신! 어머니한테는 왜 온 거예요? 그것도 이 타이밍에? 하긴…… 아버님 전화 한 통이면 뭐……."

"아니 나는…… 당신이랑 어머니 모시고 저녁이라도……."

"저녁이요? 우리가 지금 얼굴 맞대고 맛있게 저녁 식사 할 사이예요?"

미란의 이 말에 동숙은 한 걸음 뒤로 물러나 눈썹을 치켜 올리며 괘씸하다는 듯 소리쳤다.

"얘! 우리가 그런 사이가 아니면 어떤 사이니? 넌 무슨 애가 말을 해도 그렇게 정 떨어지게 하니? 정말 보자보자 하니까 ······."

그렇다고 죄송하다면서 머리를 조아릴 미란이 결코 아니었다.

"어머니! 이런 식으로 자꾸 대화를 피하시면 곤란하죠. 지금 그깟 밥이 중요해요? 제가 왜 왔는지 잘 아시면서 얼렁뚱땅 넘어가실 거냐구요?"

오늘도 또 끝이 없는 이야기가 될 것 같은 분위기를 직감한 동숙은 일단 미란을 달래기로 했다.

"알았다, 알았어. 알았으니까, 일단 나가서 식사하면서 차분히 이야기를 나눠보자. 됐지? 아이고, 머리야. 니들 먼저 나가 있어. 곧 따라 나가마."

오늘도 또 미란에게 한 방 먹었다고 생각한 동숙은, 일보 후퇴 작전으로 잠시 발을 빼기로 했다. 성수와 미란을 내보내고 자리에 앉은 동숙은 회전의자에 앉아 왼쪽으로 한 번, 오른쪽으로 한 번 방향을 바꿔가며 깊은 생각에 잠겼다.

그렇게 결혼하다

1997년 후반 IMF 경제 위기로 인해 많은 기업이 도미노처럼 쓰러질 때 재동전기도 한 차례 위기를 겪었다. 원인이 어떠했든 간에 기업마다 구조조정이 불가피한 시절이었다. 그러나 재동전기는 불행 중 다행으로, 당시 투자처였던 미란의 친정 덕분에 그 고비를 잘 넘길 수 있었다.

당시 미란의 친정은 현금자산 50억은 기본이고, 강남의 금싸라기 땅을 소유해 '땅 재벌'로 유명한 집안이었다. 다만 돈만 많을 뿐 내세울 게 딱히 없었던 미란의 부모는 평소 눈여겨보던 재동전기가 이대로라면 장차 업계에서 선두를 자시하는 기업으로 우뚝 설 것이라고 확신했다. 그런 면에서 재동전기와 한 배를 타면 여러모로 이익이 될 것이라는 혜안이 있었던 것이다. 실제로 재동전기는 IMF 위기를 딛고 일어선 후부터는 이 회장의 결단과 도전정신으로 지금의 중견 기업으로 성장했다.

이렇듯 서로가 필요에 의한 윈윈 관계를 맺어오던 이들은 급기야 자식 이야기까지 오고 가기에 이르렀고, 자금난을 겪을 때마다 미란 부모의 덕을 톡톡히 보면서 위기를 넘긴 이 회장 내외는 미란 부모의 제안을 받아들이기로 결정했다. 결코 '졸부'로 인식되고 싶지 않았던 미란의 부모는 하나밖에 없는 딸을 며느리로 받아들일 것을 제안했던 것이다. 이 제안에는 황송할 정도의 내용도 있었다. 두 집안이 연을 맺는 순간부터 사업자금 염려는 안 해도 된다는 것이었다. 그렇게 두 집안은 자식들을 결혼시키기로 전격 합의했다. 물론, 자식들의 의사는 조금도 고려되지 않은 것이었다. 당시 이 회장의 장남 성수는 이십대 초반의 나이였고, 미란은 고등학교를 막 졸업한 상태였다.

그렇게 성수와 미란은 자신들의 의사와 상관없이 이미 부부의 길을 걸어야 하는 운명에 처하게 된 것이다. 자신들이 원하는 바를 이루기 위해 자식들의 혼사까지 가볍게 성사시킨 두 집안이었다. 그중에서도 특히 동숙은 자신의 이기심이 이제와 자신의 발목을 잡는 것을 보면서 땅이 꺼져라 한숨을 지었지만, 어쩔 수 없는 노릇이라는 것도 잘 알고 있었다. 그렇기에 오늘처럼 미란이 한바탕 퍼붓고 가도 어찌하지 못하는 것이다.

반 짝 반 짝 빛 나 는

성수를 따라 한강이 내려다보이는 호텔 라운지에 들어선 미란은 창가 자리로 저벅저벅 걸어가 앉았다. 성수와 이렇게 단둘이 밖에서 따로 시간을 갖는 게 얼마 만인지 머릿속으로 달력의 숫자를 하나둘 넘겨보다가 미란은 금방 관뒀다.

'이런 게 다 무슨 소용이람?'

이내 미란은 고개를 돌려 창밖을 내다봤다.

차량이 빼곡히 줄지어 늘어선 한강 다리 위의 모습은 퇴근 무렵의 풍경을 여실히 보여주고 있었다. 그 모습을 바라보다가 문득 올해 초 접한 신문기사 하나가 떠올랐다. 누가 재동전기 며느리 아니랄까 봐 한강 다리를 보면서 이런 생각이 난 것인지, 미란에게서 어이없는 웃음이 터져 나왔다.

기사 내용은 이러했다. 그동안 절전을 위해 꺼두었던 한강 교량의 불빛이 다시 들어올 수도 있다는 것이었다. 즉, '오랜 소등에 따른 경관조명의 노후화를 막기 위해 현재 10개 교량의 전등만 켜던 것을 앞으로는 한강 교량 24개 모두를 점등할 것'이라는 내용이었다.

미란은 자신의 기억이 맞는지 휴대전화를 꺼내 기사를 검색했다. 몇 개의 단어만으로도 많은 관련 기사가 검색되었다. 요약해보면 이러했다.

"2009년 초, 서울시는 '한강 교량 조명 개선 사업'으로 24개 교량의 경관조명 공사를 마쳤다. 전력 사용과 이산화탄소 발생을 줄이기 위해 에너지 효율이 좋은 조명을 썼지만, 2008년 여름 공공기관에 에너지 절약 강화 지침이 떨어지면서 교량의 절반밖에 점등하지 못했다. 그런데 몇 년이 흐른 지금에는 장기간 조명을 사용하지 많아 오히려 주변 기구들이 조기 노후현상을 보이고 있으며, 조명을 다시 켤 경우 유지관리 비용이 과도하게 소요될 것이라는 문제점이 제기됐다."

한마디로 전기를 아끼려고 조명을 껐는데, 그에 따른 보수비용이 더 들어가게 됐다는 아이러니한 내용의 기사였다. 결국 서울시는 상당한 비용을 들여 설치한 경관조명 본연의 기능을 오래도록 유지하고 서울의 도시 가치를 제고하기 위해 다시 점등하기로 내부에서 결론을 내렸다고 하니, 지켜봐야겠다고 미란은 생각하고 있었다. 이때 창밖으로 고정된 미란의 시선을 돌린 것은 성수의 작은 외침이었다.

"당신…… 무슨 생각을 그렇게 해? 무슨 기사라도 떴어? 어이, 이봐! 식사 나온 거 안 보여? 내 말 듣고 있는 거야?"

미란이 휴대전화 화면을 닫고 고개를 돌리자, 어느 틈엔가 주문한 식사가 테이블 위에 곱게 차려져 있었다. 미란에게 물어보면 알아서 시키라고 할 것을 뻔히 아는 성수가, 그야말로 알아서 주문한 식사였다. 미란은 포크로 샐러드를 한 입 떠먹다 말고 성수에게 말했다.

"당신이랑 이렇게 식사하는 것도 몇 번이나 더 할 수 있을까? 오늘이 마지막이라고 하면, 내가 너무 매너 없는 사람 되는 걸까?"

지금껏 조용히 응대하던 성수가 발끈했는지 갑자기 언성을 높였다.

"당신이 진짜 원하는 게 뭐야? 이혼이야, 아니면 뭐야?"

이에 질세라 미란도 덩달아 목소리가 커졌다.

"몰라서 물어요? 사장 와이프로 만들어주든가, 아니면 이혼하든가! 우리…… 피차에 말귀 못 알아먹는 사람들도 아닌데 자꾸 시간 낭비하면서 돌림노래 하지 말아요. 빨리 결정 보자고요. 애초에 당신이나 나나…… 사랑 없이 한 결혼인데 무슨 미련이 있겠어요? 서로 원하는 것만 누리면 되지. 근데 지금 나한텐 그게 안 되는 거잖아요! 당신이 그렇게 회사에 뜻이 없다는데!"

"그렇게 원하면 이혼해! 이혼하자고! 하면 될 거 아냐!"

미란이 그렇게 이혼하자고 노래할 때마다 한 귀로 듣고 한 귀로 흘려버린 성수였는데, 오늘은 아니었다. 그동안 굳게 결심이라도 했는지 성수의 입에서도 이혼하겠다는 말이 나오고 만 것이다. 잠시 침묵이 흘렀고, 마주 앉아 식사하는 것이 더는 무리라고 생각한 미란은 곧바로 자리를 떴다. 성수 역시 그 뒤를 따라 나와 미란을 잡는 일을 더는 하지 않았다.

18세의 박동숙, 62세의 박동숙

그 시각 동숙은 집에 돌아와 침실에 누워 있는 재하를 돌보고 있었다.

이 남자를 열여덟에 처음 봤는데 어느새 예순이 넘어 저렇게 아프고 힘 못 쓰는 늙은이가 돼버렸는지, 동숙은 그 세월이 아득하게만 느껴졌다.

부모를 일찍 여읜 동숙은 열여덟이라는 어린 나이에 취직을 했다. 그곳이 바로 재하가 일하는 전기 회사였다. 몇 안 되는 직원들과 회사를 꾸려나가던 그때, 경리를 맡아 회사의 성장을 야무지게 도운 인물이 동숙이다. 또래보다 철이 일찍 든 동숙은 하나뿐인 남동생 정환과 서로 의지해가며 악착같이 살았고, 결국 지금의 이 회장과 결혼에 골인해 감사 자리에 있게 된 것이다. 그 후 장남의 결혼문제에 계획대로 발 벗고 나서, 현금 부자인 강남의 큰손 집안 딸과 혼사를 성사시켰다. 하지만 날이 갈수록 이토록 심하게 며느리 눈치를 보며 살게 될 줄은 예상하지 못했다. 이로 인한 화살은 매번 장남인 성수에게 날아갔고, 미란과는 물론이고 성수와 동숙 사이의 갈등의 골도 점점 깊어만 가고 있었다.

*

날이 갈수록 점점 환경오염이 심각해져가다 보니 각 가정이나 회사 등 다양한 실내 공간에서 공기정화에 효과가 있는 화분을 많이 기르고 있다. 공기도 맑아지고 어느 정도 인테리어 효과도 있어 관엽 식물을 기르는 경우가 많아진 것이다. 순수한 산소 음이온을 방출하는 공기정화 식물은 대부분 키가 1미터 정도 되고 잎이 넓은데, 그중 대표적인 것이 산세비에리아로서 다른 식물보다 30배 이상 되는 음이온을 배출한다고 한다. 이 때문에 몇 해 전부터 이 회장은 산세비에리아를 기르고 있었던 것이다.

이 회장은 낮에 김 집사가 정성껏 손질해 침실로 들여온 산세비에리아를 가만히 들여다보고 있었다. 그러면서 생각했다. 산세비에리아의 꽃말 '관용'에 대해서. 사실 며느리 미란의 방에 분갈이를 한 산세비에리아를 하나 갖다놓게 한 것도, 이런 '꽃말'의 의미를 되새겨봤으면 하는 뜻도 포함돼 있었다. 하지만 이 회장의 그 깊은 속까지 미란이 알아줄 것이라고 크게 기대하지는 않았다. 다만 계속되는 성수와의 갈등으로 산란해진 마음을 정리하는 데는 적잖은 도움이 될 것이라고 생각했다. 그 뜻만큼은 내심 알아주기를 바랐다. 물론 이 정도 언질은 김 집사가 알아서 건넬 것이라 생각하고 있었다. 이 회장은 침대 머리맡 쪽에 놓아둔 산세비에리아를 가만히 바라보다가 이내 잠이 들었다.

전 화 , 걸 려 오 다

이른 아침, 호철과 성연은 출근하기 위해 아파트 지하 주차장으로 걸어가고 있었다. 그때 갑자기 전화벨이 울렸다. '이렇게 일찍 누구지?'라고 생각하며 성연이 휴대전화를 열었다. 발신번호를 보니 동숙이다. 아침 일찍 걸려오는 전화의 90퍼센트는 안 좋은 소식이라고 평소 생각하고 있던 성연은, 불길한 마음을 안고 전화를 받았다. 수화기 너머에서는 놀란 가슴을 쓸어내리는 동숙의 목소리가 들려왔다.

"성연아! 아버지…… 또 쓰러지셨어. 얼른 병원으로 오렴."

"아버지가요? 그…… 그럴게요. 30분이면 도착할 거예요."

다급해진 성연은 호철의 부축을 받으며 차에 올랐다. 이렇게 아침 일찍 동숙의 전화를 받고 병원으로 향하는 게 처음 있는 일은 아니었기에 그나마 덜 당황스러웠지만, 그래도 매번 놀란 가슴을 쓸어내릴 수밖에 없었다.

조수석에 앉은 성연이 차창에 기대어 비스듬히 앉자 호철이 걱정스러운 듯 물었다.

"당신, 괜찮아?"

"괜찮아요. 호철 씨는요? 아참, 오늘 일찍부터 회의 있다고 하지 않았어요?"

"그렇긴 한데……, 잠깐 들렀다 가면 돼. 이럴 때 얼굴 안 비치면 장모님이 뭐라고 하실 것 뻔하잖아."

호철의 말에 성연은 자세를 똑바로 고쳐 앉으며 말했다.

"하긴……, 근데 우리 엄마는 당신만 보면 왜 그러는지 몰라. 이렇게 듬직하지, 일 잘하지, 게다가 잘 생겼지! 또 ……."

"이거…… 아침부터 왜 비행기 태우고 그래?"

"비행기는 무슨……. 사실을 말했을 뿐인데요, 휴……. 오늘 다들 병원에 모이면 볼 만하겠다. 서로 간에 보이지 않는 신경전……. 매번 겪는 일인데도, 아휴~, 생각만 해도 머리 아파."

성연은 고개를 절레절레 저었다. 옆에서 운전하던 호철은 오른손을 뻗어 성연의 손을 꼭 잡아줬다. 위로와 용기의 말도 잊지 않았다.

"너무 신경 쓰지 마. 우리 할 일 열심히 하면서 묵묵히 자리 지키면 되지, 뭐."

"그러게요. 그래야 될 텐데……."

*

주차를 마친 호철과 성연이 서둘러 엘리베이터를 타고 이 회장이 있는 병실로 발걸음을 옮겼다. 문을 열고 들어서자 동숙이 성연을 반기며 말했다.

"왔니?"

"아버지는 좀 어때요? 의사가 뭐래요?"

"한 며칠 안정 취하면 된다는데, 기력이 많이 떨어져서 앞으로도 자주 이런 일이 있을 거래. 그러니 어쩜 좋니? 벌써 이렇게 누워 있을 양반이 아닌데……. 아직 성수 마음도 못 돌렸는데, 거참……."

오자마자 성수 이야기부터 하는 게 불편한 성연은 목소리를 높였다.

"엄마! 여기 김 서방 온 거 안 보여요? 잘 왔냐고 인사부터 한 다음에 오빠 얘기해도 되잖아요. 진짜 너무해."

성연이 쌜쭉해서 동숙에게 한마디 하자, 못 이기는 척 호철을
향해 인사를 건넸다.

"흠흠……, 그래 자네 왔나?"

"네, 어머니. 그간 별일 없으셨지요? 자주 찾아봬야 하는
데……."

호철은 동숙이 자신을 탐탁지 않게 여긴다는 것을 진작부터 알
고 있었다. 그래서 이런 대우도 그다지 서운하지 않았다. 오히
려 태연한 듯 아무렇지 않게 인사하는 수완이 늘어가고 있었다.

"바쁜데 일부러 그럴 것 없네. 그나저나 지금 이렇게 시간 보
내도 되나? 회사는? 얼른 가봐야 하는 거 아닌가?"

동숙의 맞장구도 영혼 없는 인사이기는 마찬가지였다. 한편 동
숙의 인사가 걱정이 아니라 재촉이라는 걸, 성연이 못 알아들
을 리 없었다.

"엄마! 지금 회사 걱정해서 하는 말 아니지? 이 사람 빨리 가

라는 얘기잖아, 지금. 어쩜 그래요? 이 사람 온 지 몇 분이나 됐다고!"

"여보! 장모님한테 무슨 말버릇이야?"

호철은 성연을 호되게 말렸다.

"왜요? 내가 뭐 틀린 말 했어요?"

"이 사람이. 왜 이래? 그만해!"

호철의 만류에도 성연은 금방이라도 울 것 같은 표정으로 동숙에게 들이댔다.

"엄마, 이 사람도 자식이야! 김 서방도 자식이라고요! 그런데 왜 매번 찬밥 취급해요? 그저 말끝마다 우리 장남……, 성수 성수……."

성연은 봇물 터지듯 동숙을 향해 서운함을 토로했다.

"아니 얘가……. 내가 뭘 어쨌다고 그래? 김 서방! 둘이 무슨 일 있었어? 얘 왜 이래? 아침부터 정신 사납게……."

그때 동숙과 성연의 대화를 끊어준 건 성수와 막내 성민이었다. 이들의 등장이 누구보다 반가운 건 동숙이었다. 안 그래도 이들이 오기 전 김 집사에게서 전언이 있었다. 성수는 이 회장이 병원으로 실려 오기 전에 새벽같이 집을 나섰다고 했다. 미란이 지난밤 친정에 가서 돌아오지 않자 성수가 데리러 간 것이었다. 막내 성민은 베트남에 출장을 갔다가 인천공항에 도착하자마자 연락을 받고 병원으로 오는 길이었다. 동숙을 향해 먼저 입을 뗀 것은 성민이었다.

"엄마! 아버지…… 어떤 상황이세요? 요즘 들어 병원 신세 너무 지는 거 아니에요? 에잇, 이게 다 형 때문이라고! 형이 말을 안 들어서 그렇잖아!"

성민이 씩씩거리며 장남인 성수에게 대들었다. 하지만 성수는 가만히 있을 뿐이다. 물론 이를 보고 그냥 넘어갈 동숙이 아니었다.

"너 형한테 무슨 말버릇이야? 성연이도 그렇고. 진짜…… 아침부터 이것들이 편찮으신 아버지 앞에서 뭣들 하는 건지, 쯧쯧……."

그제야 성수가 말문을 열었다.

"죄송합니다, 어머니! 미안해, 성민아! 형이 다 못나서 그래
……."

그때 성민이 지른 불에 기름을 들이붓듯, 성연이 마음에 담아둔 말을 쏟아내려는 듯 쏘아붙였다.

"맨날 미안하다고 하면서 착한 척은 혼자 다 하지? 오빠 늘 그랬어. 어쩜 사람이 그래? 지금 오빠가 우리 집안의 가장 큰 민폐인 거 알기나 해? 오빠 때문에 다 엉망이라고!"

성수는 무슨 얘기든 다 듣겠노라는 표정으로 두 동생의 이야기를 묵묵히 듣고만 있었다. 순간 그 표정이 너무나 무책임하게만 느껴진 성연은 며칠 전 회사에서의 일이 떠올라 가슴이 답답해져왔다. 그대로 있다가는 성수에게 감정석으로 격하게 퍼

부을 것만 같아 가슴을 치다가 병실 밖으로 나와버렸다.

성연, 회사의 변화를 감지하다

병실 밖으로 나온 성연은 잠시 눈을 감고 생각에 잠겼다.

성수는 물론이고 동숙에게도 아직 말은 못 했지만, 언제든 감정이 정리돼 이성적으로 말할 정신이 돌아오면 제대로 알려야 할 문제라고 생각하고 있었다. 바로 흔들리는 회사를 둘러싼 직원들의 동요에 관한 이야기였다. 마침 공교롭게도 이 회장 가족이 한 명도 회사에 없던 어느 날, 직원들 사이에 이런 이야기가 오갔던 것이다.

*

"김 실장! 이번에 베트남 출장…… 왜 이성민 대리가 간 거야? 원래는 박 대리가 가는 거 아니었어?"

"그게요, 윤 이사님! 해외 거래처에서 흘러나오는 이야기들이 심상치 않다 보니, 오너 아들로서 그 소문들을 진화시킬겸 직접 간 것 같더라고요."

"소문? 우리 회사 복잡한 것…… 해외 거래처까지 벌써 소문난 거야?"

"벌써가 뭐예요? 아는 사람은 이미 다 알죠, 뭐."

"하긴…… 오너 일가가 쉬쉬하고 있긴 하다만 점점 매출은 줄고 영업이익률도 떨어지고 있고, 비용구조나 현금 흐름에 심각한 문제가 발생한 것 같긴 하단 말이야……."

"그것뿐이게요? 캐시카우인 수출 부분에서 외국 바이어들이 안정적인 제품 공급에 대해 주시하고 있는데, 여기도 비상인 것 같아요. 제품 순방 출장으로 오랜 시간 돈독한 관계를 유지하고 있는 바이어들에게서 회사 경영상의 이상 신호가 감지됐나 보더라고요. 요즘 담당자도 아닌 저한테까지 넌지시 제품 공급에 대한 의문을 제기한다니까요."

이들의 이야기를 엿듣던 나머지 다른 직원들도 약속이나 한 듯 하나둘 모이더니 자기가 보고 들었거나 알게 된 정보에 대해 누가 시키지도 않았는데 차례로 돌아가며 얘기했다.

"제가 알기로는 내수 입찰 및 기존 거래처에서 단가가 하락돼 마진 폭도 같이 하락됐고, 몇몇 거래처는 선호했던 품질을 저버리고 가격이 더 싼 다른 곳으로 거래처를 변경한 걸로 알고 있어요."

"제가 기획 팀에서 파악한 걸로는 올해 들어 부쩍…… 사업 계획 대비 월별 매출신장률이 떨어지더라고요. 심지어 전년 대비 마이너스 되는 달도 생기고 있고요."

"이거 정말 큰일이네요, 우리 회사……. 나름대로 이 업계에서는 역사와 전통이 있는 회사라고 진짜 자부심 느끼면서 다

넸는데……, 얼른 딴 데로 갈아타야 하나? 아니면 이성수? 이성연? 이성민? 으아~, 누구 뒤에 줄을 서야 하지? 휴……."

*

이렇게 한숨 내쉬며 말하던 직원들은 이내 자기 자리로 돌아갔고, 문 밖에서 이 모든 이야기를 숨죽여 들은 성연은 그대로 발걸음을 옮겨 회사 밖으로 나오고 말았다.

회사의 미래인 R&D 부서에 근무하는 믿음직한 직원들의 마음에 동요가 이는 것을 당장 어떻게 막아야 할지 걱정이 됐다. 그러나 무엇보다 이해관계자에게 안정된 기업이라는 이미지로 높은 신뢰를 주었는데, 그 오랜 믿음에 균열이 생긴 것이 큰 문제라고 파악했다. 성연은 그것을 막거나 최소화하는 것이 관건이라 생각했다. 그러고는 또다시 밀려오는 오빠 성수에 대한 답답함과 원망스러움을 어찌지 못한 성연은, 목적도 없이 한참을 걷고 또 걸었다.

일방통행

잠시 밖에서 숨을 고른 성연은 다시 병실로 돌아왔다. 그사이 성민은 성수와 동숙을 향해 계속해서 모진 소리를 퍼부은 것 같았다. 성연이 뭐라 입을 떼려 하자, 동숙은 바로 제지하고 나섰다.

"너희들 이제 그만해! 그렇게 회사가 걱정되면 지적만 하지 말고 협조를 해! 어디서 못된 것만 배워서는!"

동숙은 성연과 성민을 혼꾸녕내고는 이내 성수를 다독였다.

"성수야! 이리 와서 좀 앉아라. 어휴~, 그새 얼굴 까칠해진 것 좀 봐. 새벽같이 미란이한테 갔던 거야? 그래 뭐라니, 미란이는? 근데 왜 같이 안 왔어? 계속 친정에 있겠대? 말 좀 해봐……. 어제 데리고 나가서 둘이 무슨 얘기했냐고, 응?"

이때 동숙의 말꼬리를 잡은 것은 역시나 성연이었다.

"아니, 오빠……. 그러니까 이 집 맏며느리가 이 시간에 집에도, 병원에도 없다는 건……. 아하, 또 친정에 가셨다! 이 말이지? 하긴…… 나 같아도 오빠랑 못 살지. 암요, 나라도 새언니처럼 했을 거야. 껍데기랑 사는 결혼 생활……. 어떤 여자가 좋아하겠어?"

"너! 진짜 오빠한테 계속 이럴 거야? 거기서 계속 시끄럽게 떠들 거면 당장 회사 가! 출근하라고! 김 서방, 애 데리고 얼른 가보게. 어서!"

성연이 빈정대는 것을 더는 볼 수 없었던 동숙은, 호철을 향해 눈짓을 하면서 성연을 야단쳤다.

"네, 장모님."

호철은 성연의 가방을 챙기며 얼른 나가자고 성연의 팔을 잡아당겼다. 그때 잠시 잠자코 있던 성민이 소리쳤다.

"엄마는 왜 누나한테만 뭐라고 그래요? 이게 다 형이 처신을 잘못해서 그런 거잖아요. 형이 노선을 정확하게 하면 우리가 지금 이러냐고요!"

성민의 악에 받친 목소리가 병실 안을 울렸다. 보다 못한 동숙이 소리쳤다.

"아니 이것들이 아침부터 쌍으로 왜 이래? 다들 나가! 병실에서 나가라고!"

"……."

잠시 정적이 흘렀다. 그때였다. 시끄럽게 떠드는 통에 깬 건지, 정신이 돌아오면서 깬 건지 이 회장이 손가락을 까닥까닥 움직이며 옅은 신음 소리를 냈다. 그 바람에 가족들이 이 회장의 침대를 둘러싸고 금방 모여들었다.

둥글게 모인 가족들은 이 회장의 입 모양만 보고도 성수를 찾고 있음을 쉽게 알아차렸다. 그 정도로 이 회장 부부에게는 장남 성수가 늘 먼저였던 것이다. 성수는 그런 이 회장에게 다가가 손을 꼭 맞잡았다. 이어 고개를 숙인 채 한참 동안 아무 말도 하지 못했다.

이 회장이 두 눈을 두어 번 끔뻑거리며 괜찮다는 사인을 보내고 나서야 성수는 한 걸음 물러설 수 있었다. 이어 다른 가족들이 차례로 이 회장의 상태를 지켜봤다. 그 모습을 물끄러미 바라보다가 성수는 잠시 병실을 나왔다.

*

잠을 설친 탓에 머리가 개운하지 않은 성수는 병원 휴게실로 나와 한쪽 귀퉁이에 세워놓은 자판기에서 밀크 커피를 한 잔 뽑았다. 자리를 잡고 앉아 한 모금 마시려는데, 언제 왔는지 성연이 옆에 와 앉아 있었다.

"오빠, 아까는 미안했어."

군이 이렇게까지 하지 않아도 되는데 성연은 성수에게 다가와 사과를 했다. 작은 잘못에도 먼저 사과하는 것은 어릴 때부터 들인 버릇이었다. 사실 성연이 스스로 들인 버릇이라기보다는 동숙이 그렇게 가르쳤다. 성연과 성민이 잘못하면 당연이 그들 탓, 어쩌다 성수가 잘못해도 무조건 성연과 성민 탓이었다. 동숙은 늘 강조했다. 성수는 실수하고 말썽 피우는 아이가 결코 아니라고. 행여 그런 일이 생기는 것은 성연과 성민 너희들 때문이라고, 동숙은 늘 주입시켰다. 그 결과 셋 사이에서 다툼이 있고 나면, 자동으로 사과하고 화해를 청하는 쪽은 늘 성연과 성민이었다. 물론 그때마다 성수는 마음이 불편하고 동생들에게 미안했다. 하지만 자신의 그런 속마음을 전달할 주변머리도 없었다.

"미안하긴……, 다 내 잘못이지. 근데 김 서방은?"

"회의 있다고 방금 전에 갔어. 그나저나 새언니랑은 어떻게 되가는 거야?"

"나도 모르겠어. 이젠 나도 지치는 것 같아."

"그게 무슨 뜻이야? 이혼이라도 하겠다는 거야? 두 양반이 저렇게 난리인데?"

놀라서 묻는 성연에게 성수는 의외로 차분하게 대답했다.

"이혼 안 하면? 내가 아버지 뒤를 이을 것도 아니잖아."

"그게 두 분한테 먹혀야 말이지. 설득이 전혀 안 되잖아, 도무지!"

"……."

성수가 별다른 대꾸를 하지 않자, 성연은 금방 자기 목소리를 높였다.

"근데 또 이게 웃긴 게 말이지……. 아니, 생각해 봐! 마땅한 사람이 없는 것도 아니잖아! 꼭 오빠여야 하는 법이 있냐고? 우리 호철 씨도 그만하면 자격 충분하지 않아? 응? 뭐라고 말 좀 해봐. 아니 아니……. 이참에 오빠가 호철 씨 좀 팍팍 밀어 주면 안 돼?"

답답한 마음에 쉬지 않고 떠드는 성연을 향해 성수가 말했다.

"나야 그러고 싶지. 아, 진심이야! 난 정말로 능력 있는 사람
이 후계자 되는 게 옳다고 생각하는 사람이라고. 그게 누구
든 말이야! 근데 부모님이 저러시니 나도 진짜 미치겠다. 이
혼하면 그날로 미란네 돈줄이 끊기는 거니, 나 좋자고 회사
망하게 할 수도 없고. 어쩌면 좋니, 성연아?"

성수의 말이 어이없다는 듯, 성연은 코웃음을 쳤다.

"우리 회사가 망하긴 왜 망해? 언니네가 돈이 많은 건 알지
만……. 그래서 자금을 확 다 빼간다고 해도……. 그래, 난 할
수 있어! 호철 씨가 해낼 수 있다고!"

씩씩거리며 말을 마친 성연의 어깨가 한참이나 들썩거렸다.

"그래. 그런 각오가 있는 사람한테 회사를 맡겨야 하는 건데
미안하다, 정말."

성수가 너무 쉽게 사태를 인정하자 성연은 괜스레 눈치가 보였

다. 슬그머니 입에 붙은 사과를 또 건넸다.

"아무튼……. 언니랑도 잘 해결되길 바라."

성수가 자리에서 일어서려 하자, 성연은 생각났다는 듯 다시 물었다.

"근데, 오빠! 요즘도 각방 쓰는 거야? 아무리 사랑 없이 한 결 혼이라도 그러는 거 아니지. 부부로서 책임과 의무는 다해야 할 거 아냐? 그래야 나중에 이혼을 해도 뭐라 할 말이 있지."

성수는 피 웃으며 말했다.

"우리 부부 문제는 우리가 알아서 할게. 아무튼 걱정해줘서 고맙다!"

"아…… 알았어. 그럼 나도 회사 가볼게. 오빠 좀 더 있다 오 는 게 좋을 것 같은데? 병실에 가서 아버지 한 번 더 보라고."

"그래, 그럴게. 이따가 회사에서 보자."

                                    *

성연이 자리를 뜨자 성수는 극도의 피로감을 느꼈다. 그런데
이번에는 기다렸다는 듯이 동숙과 미란이 다가왔다.

 "여기 있었구나, 아들! 미란이도 방금 병원에 왔더구나. 으이
 그, 아들! 너도 그렇지……. 미란이 친정까지 갔으면 같이 태
 우고 올 일이지, 몇 분 먼저 오겠다고 혼자 오고 그랬니?"

 "……."

 "아들! 아버지 곁에는 내가 있을 테니까 둘이 어디 가서 아침
 이라도 해라. 젊은 애들 얼굴이 그게 뭐니? 어제도 밥 먹으라
 고 둘이 내보냈더니, 원……."

동숙은 어떻게든 미란의 마음을 달래보려고 애쓰고 있었다. 하
지만 미란에게는 동숙이 안중에도 없었다.

 "어머니! 이 사람이랑 어제…… 얘기 다 끝냈어요."

너무도 차분히 말하는 미란을 향해 동숙이 물었다.

"끝냈다니? 대체 뭘 끝냈다는 거니? 너 설마?"

미란은 고개를 뻣뻣이 든 채로 말했다.

"이 사람…… 후계자 될 마음 없대고, 저는 그 타이틀 아니면 안 되고! 서로 원하는 걸 충족시켜주지 못할 바에야 이혼하기로 했어요. 서로 합의했다구요!"

동숙이 놀란 표정으로 성수와 미란의 얼굴을 번갈아 쳐다보며 말했다.

"아들! 성수야! 대체 이게 다 무슨 소리야? 휴~, 미란이 얘 …… 괜히 하는 소리지? 지금 화나서 그러는 거지? 아가 ……, 왜 그러니? 시아버지도 이렇게 편찮아 누워 있는데 너희들까지 이러면 못쓰지……, 응?"

미란은 오래전부터 결심한 듯한 얼굴로 동숙을 쳐다봤다.

"아버님이 자꾸 쓰러지시는 이유 중에 우리 부부 문제도 포함됐다는 거 알아요. 그래서 이제 그만하려구요. 어떤 식으로든 결론이 나야 하지 않겠어요?"

동숙이 다가가 미란의 손을 붙잡았다.

"얘, 그러지 말고……. 내가 성수랑 다시 얘기해볼게. 이 집 장남이 회사를 물려받아야지. 그게 아니면 말이 되니? 내가 다 알아서 할 테니까 너는 염려 말고 있어봐, 응? 성수도 끝내 부모 말 거역하지 못할 거야. 암……, 우리 성수가 어떤 아들인데? 여태 부모 말 거역한 적 없는 착한 아들이라니까. 그렇지, 아들?"

성수는 아무 말도 하지 않았다.

"아무튼 저는 의사표현 확실히 했고, 조만간 저희 부모님께도 말씀드리겠어요. 안 그래도 요즘 대충 눈치는 채고 계신 것 같은데, 제가 가타부타 말씀드리지는 않았거든요."

"어머……, 얘! 얘! 아직은 아무 말 말아라, 어른들 놀라셔.

하나밖에 없는 딸이 이혼한다고 하면 어느 부모가 좋아하시겠니? 내가 다 해결할 테니까 조금만 참자, 응?”

동숙이 애원하다시피 말려도 미란의 결심은 흔들릴 기미가 보이지 않았다. 오히려 이어지는 냉정한 한마디로 동숙을 더 놀라게 했다.

“저희 집 문제는 제가 알아서 할게요. 그러니까 어머니도 회사 자금…… 걱정 좀 하셔야 될 거예요, 앞으로는!”

혈압이 상승한 동숙이 뒷목을 잡고 겨우 말했다.

“너 지금 협박하는 거니? 설마……, 그…… 그런 거 아니지? 괜히 하는 소리지? 우리 며느리가 얼마나 착한데……. 그럴 리가 없지, 그치?”

“그럼 저는 잠시 화장실 좀…….”

미란은 별 대꾸 없이 자리를 떴다. 성수는 이미 예상한 상황이라는 듯 잠자코 있었다. 혼자서만 속을 끓이던 동숙은 성수를 야단치기 시작했다. 아니 애원하기 시작했다.

"아들! 뭐가 어떻게 돌아가는 건지 말 좀 해봐. 쟤, 왜 저러니? 너희들 설마 진짜 이혼하려는 거 아니지? 성수야! 아들! 우리 집 귀한 장남! 제발 어떻게 좀 해봐. 이 어미마저 쓰러져야 속 시원하겠어? 응?"

동숙이 혀를 차며 성수를 나무랐다. 하지만 끄떡없기는 성수도 마찬가지였다. 결코 미란이 못지않았다.

"저랑 미란이는 더는 의견이 좁혀지지 않아요. 내가 저 사람이라도 못 살 거예요. 이렇게 말하면 좀 그렇지만……. 돈에 팔려온 만큼 얻는 거라도 있어야 할 텐데 제가 그걸 못 해주니 더는 의미 없는 거죠. 그렇다고 우리가 서로에게 애정이 있는 건 더더욱 아니고……."

"지금부터라도 잘해주면 되잖니! 결혼이 별 거야? 부부생활이 별 거냐고? 아들! 엄마가 진심으로 부탁하는데……, 지금부터라도 각방생활 청산하고 미란이한테 잘해줘, 응? 그럼 쟤도 못 이기는 척하고 주저앉을 거야."

성수는 대답 대신 동숙에게 조심스레 되물었다.

"그러게, 애초에 왜…… 이런 결혼을 시키셨어요?"

성수는 이 말까지는 안 하려고 했다. 하지만 몇 번이고 목구멍 너머로 삼키던 말이 입 밖으로 새어나오고 말았다. 동숙은 놀란 토끼눈이 돼 성수에게 하소연을 하기 시작했다.

"이런 결혼? 이게 다 널 위해서였어. 그걸 몰라서 물어? 너한 테는 뭐든 최고만 안겨주고 싶었어. 어려서부터 넌…… 우리 의 자랑이자 보배였다고! 아버지랑 내 꿈이 뭐였는지 아니? 이 회사 잘 키워서 너한테 물려주는 거! 그 꿈 하나로 한 평생 살아왔는데……, 근데 네가 그걸 몰라? 이런 결혼을 왜 시켰 냐고? 어떻게 네가 그래? 내가 널 어떻게 키웠는데 이제 와서 이러냐고? 응?"

성수가 결코 모를 리 없었다. 어려서부터 이 회장과 동숙의 기 대를 한 몸에 받으며 자란 성수는 그야말로 집안의 보물이었 다. 반듯한 외모에 성실한 성격, 책임감도 있고 끈기도 있어 뭐 든 맡기면 제대로, 정확히, 어떻게든 끝내고 마는 뚝심 있는 아이였다. 특히나 부모의 말이라면 절대 복종을 했던 성수였기에 부모는 가장 귀하고 좋은 것, 가장 비싸고 화려하고 모양 나는 것으로 성수를 꾸미고 채워주는 데 앞장섰다.

그 바람에 성연과 성민은 늘 뒷전이었고, 그래서 성수는 늘 본의 아니게 두 동생에게 시샘의 대상이 됐다. 그때마다 성수는 생각했다. 자신에게 쏟는 사랑이나 기대감의 반의반이라도 성연과 성민에게 쏟았으면 하고. 하지만 성수에 대해 이 회장과 동숙은 '사랑이라는 이름으로' 언제나 일방통행이었다. 마치 장남으로 태어난 이상 부모의 아바타로 사는 것이 당연하다는 듯 말이다.

*

동숙은 땅이 꺼져라 한숨을 내뱉은 후 성수를 놔둔 채 병실로 향했다. 성수는 동숙의 뒷모습을, 빈자리를 한참 바라봤다. 손에는 다 마시고 비운 종이컵이 달랑달랑 들려 있었다. 그때 잠시 자리를 비웠던 미란이 다가왔다.

"왜 또? 첫사랑 그년 생각 중이야? 하여간 틈만 나면……."

성수의 표정은 심하게 일그러져 있었다.

"당신, 무슨 말을 그렇게 상스럽게 해? 당신답지 않게."

"나 다운 게 뭔데요? 나요, 더한 말도 해요! 왜, 못 할 줄 알아요? 사실 당신네 집안…… 우리 식구들 깔보잖아요. 돈 많은 거 빼면 아무것도 없는 무식한 집안이라고 무시하는 거 다 알아요."

"무슨 말이 그래? 난, 단 한 번도 그런 생각 한 적 없어. 정말이야!"

"내가 부모 욕심에 돈 때문에 시집왔다고 해서 자존심까지 없다고 생각하면 오산이에요. 결혼 후 지금까지 매일 밤을 등 돌리며 산 당신……. 그런 당신을 끝까지 이해하고 다 받아주는 천사표 아내로 생각하면 착각이라구요! 내가 왜요? 난 뭐, 자존심도 없는 줄 알아요?"

미란의 심정을 이해 못 하는 건 아니었다. 하지만 성수도 할 말은 있었다.

"당신…… 애초에 나한테서 사랑을 기대한 건 아니었잖아. 안 그래?"

"물론이죠. 우린 서로 거래를 당한 거니까요. 그렇지만 그 거래를 깨려고 하는 건 지금의 당신이에요. 우리 집에서 당신 아버지 회사에 지금까지 왜 그토록 많은 자금을 대고 밀어줬는지 설마 잊은 거 아니죠? 우리 부모님…… 자선사업가 아니에요! 하나밖에 없는 자식, '중견 기업 회장 사모님' 소리 듣게 하려고 나름 오래전부터 세워놓은 플랜이라는 얘기라구요!"

"알았으니까, 그만해. 무슨 얘긴지, 다 알아 들었다고."

성수가 미간을 찡그리며 말을 끊자, 미란도 하려던 말을 거두었다. 성수 옆에 더 앉아 있다가는 이미 자존심 상한 마음에 더 큰 상처가 날 것 같아 미란은 얼른 일어나 병원을 나와 버렸다. 미란이 시야에서 사라지자, 성수는 다시 병실로 들어갔다. 성민이 있을까 싶었는데, 없었다. 이 회장이 정신이 든 걸 확인하고는 조금 전에 회사로 갔다고 한다. 병실을 지키고 있는 사람은 동숙뿐이었다. 성수가 다시 나타나자 동숙은 무척 반가워했다. 동숙이 뭐라 입을 떼려는데, 성수가 막아섰다.

"어머니! 오늘은 더는 아무 말씀 마세요. 아버지 얼굴 한 번 더 보고 회사 가려고 들른 거예요."

동숙은 서운했다. 이럴 때는 꼭 사랑스러운 아들이 아니라 차가운 남 같다는 생각 때문이다. 하지만 아들의 뜻대로 입을 꾹 다물기로 했다. 자다 깨다를 반복하던 이 회장도 지금은 다시 깊은 잠에 빠져 있었다. 그런 이 회장을 애처로운 마음으로 바라보던 성수는, 동숙을 남겨두고 병실을 나왔다.

툇마루 1:
가계도와 갈등 관리

가계도는 원래 보웬(Bowen)의 가족시스템 이론에서 파생된 것으로 3세대 이상에 걸친 가족구성원에 관한 정보를 그들 간의 관계를 바탕으로 도식화하여 기록한 것이다. 이는 역사학자, 임상의사, 상담자, 가족기업 컨설턴트 또는 가족구성원의 당사자들이 가족 정보를 분석하는 데 유용하게 사용되어왔다.

실무적으로 가족기업의 이슈들을 이해하기 위해 관계자 면접 시에 작성되며, 가족을 이해하는 첫 번째 단계이다. 가족 구조를 도식화함으로써 가족 간의 관계와 문제를 이해하고 분석하는 데 중요한 도구로 사용된다. 가족구성원이 한 세대에서 다음 세대까지 생물학적·법적으로 어떻게 관련되어 있는지를 도표로 묘사하며, 이를 통해 가족구성원에게 어떻게 영향을 미치고 상호 관계하는지를 볼 수 있다.

가계도 표준 기호

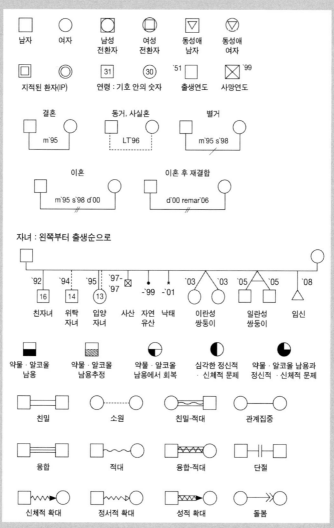

자료: 김유숙, 『심리치료 이론과 가족치료』(학지사, 2012).

가계도는 가족의 관계와 중요한 이슈들을 빠르고 쉽게 이해할 수 있는 편리한 수단이며, 가족기업의 이슈들을 해결하는 데 출발점으로 사용한다. 이렇게 도식화된 가계도를 통해 가족문제에 대한 새로운 시각을 발견할 수 있고, 삼각관계나 상호 의존성 등 치료가 필요한 부분들에 대해 구조적으로 이해할 수 있는 좋은 도구가 된다.

가계도의 표준기호는 앞의 그림과 같다. 표준기호와 함께 가족구성원의 정보를 기록·활용하는데, 가족의 이력, 역할, 가족 사건 등에 관한 정보를 기록한다. 이는 가족 간의 친밀함 또는 소원함의 정도, 정서적 단절의 유무 등도 나타내게 된다.

가계도를 작성할 때 주의해야 될 사항은 가급적 가계도 작성 시에 가족기업과 관련된 모든 가족구성원이 참여하도록 유도할 필요가 있다. 즉, 가족 일부와 이야기를 나눈 후 다른 가족에게 추가해야 될 내용이 없는지 또는 작성된 내용의 적합 여부는 어떤지를 묻는 과정이 필요하며, 가족기업 관련자가 가족에게 부담스럽게 느껴지지 않도록 세심하게 배려해야 한다.

특히 가계도 작성은 가계도 작성에만 그치는 것이 아니라 작성 과정을 통해 가족들이 서로에 대한 생각과 숨겨진 이슈들, 본질적인 문제들이 무엇인지 파악할 수 있도록 전문성을 발휘할 필요가 있다.

(주)재동전기 이회장의 가계도를 살펴보면 다음과 같다.

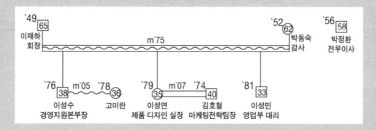

갈등이란 '칡'을 말하는 갈(葛)과 '등나무'를 말하는 등(藤)의 합성어이다. 이 둘 모두는 길게 뻗어가며 자라 상대를 감고 성장해 서로를 분리하기 어려운 상태에 이르게 한다. 따라서 갈등이라고 하면 보통 일이 서로 얽혀서 풀기 어려운 상태를 말한다. 가족기업에서의 갈등은 작은 일에 대한 오해와 불씨가 소통을 어렵게 만들고 이것이 엄청난 회오리를 만들어 가족과 기업에 더 큰 문제를 불러일으킨다. 이런 이유로 오늘날 가족기업의 갈등관리의 중요성이 날로 증가하고 있다.

갈등분석도는 가족 간의 갈등과 갈등인자를 파악해 도식화한 표이다. 이해당사자를 살펴보는 과정에서 가계도와 함께 주요하게 사용되는 도구인데, 가족 간의 갈등은 매우 복잡하게 얽혀 있어 갈등분석도를 통해 공통적으로 발견되는 패턴과 특이 사항을 분석할 수 있다. 또한 갈등분석도는 갈등을 더욱 심층적으로 이해하고, 이를 해결할 새로운 대안을 발견하게 한다. (주)재동전기 이회장 가계의 갈등분석도는 다음과 같다.

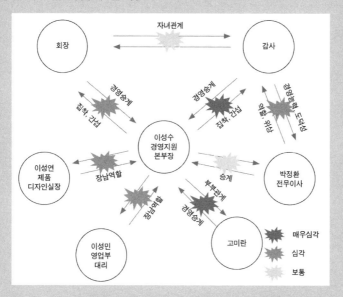

이와 같이 가계도와 갈등분석도를 통해 문제를 도출하고 새로운 대안을 발견하는 것은 갈등을 관리하는 유용한 도구가 되며, 이는 가족을 더욱 건강하게 만들고 나아가 가족기업을 튼튼한 기업으로 세우는 데 초석이 될 것이다.

첫 눈 에 반 하 다

때 아니게 일찍 핀 벚꽃의 향연이 곳곳에서 펼쳐지고 있었다. 예년에 비해 열흘에서 보름 정도 빨라진 개화 시기로 인해 전국의 지역자치구에서는 봄꽃 축제를 앞당겨 준비하고 있었다. 그 바람에 주말이면 곳곳마다 꽃 반, 사람 반으로 인산인해를 이루었다.

회사로 향하는 성수도 차창을 내렸다. 불어오는 봄바람을 타고 들어온 꽃향기가 은은하게 느껴졌다. 첫사랑 주연을 떠올리게 하는 향기였다.

*

1990년대 중반 대학에 입학한 성수는 이 회장과 동숙의 기대를 한 몸에 받으며 대학생활을 시작했다. 워낙 우수한 성적으로 서울의 명문대 경영학과에 입학한 성수였기에, 이 회장과 동숙은 일찌감치 성수의 목표까지 정해놓은 터였다. 졸업 후 바로 미국 스탠포드 대학을 보내 경영학 석사(MBA) 학위를 취득하게 하려는 계획이었다. 물론 성수도 처음에는 부모의 뜻을 따를 생각이었다. 그녀를 만나기 전까지는.

캠퍼스 곳곳을 거닐 때마다 각 동아리에서는 현수막을 만들어 신입생들에게 '어서 오라고' 손짓을 하고 있었다. 공부 말고는 딱히 다른 관심이 없던 성수였기에 그들의 치열한 동아리 유치 경쟁이 눈에 들어올 리 없었다. 그러던 어느 날, 도서관으로 가기 위해 바삐 걸음을 옮기는 성수에게 한 여학생이 다가왔다.

"이번에 경영대 수석 입학했다며? 난 너 때문에 차석!"

조금은 당돌한 듯 말을 건넨 그녀였기에 성수는 흠칫 놀라고 말았다. 그러다가 '차석'이라는 말이 생각나 고개를 들어보니긴 생머리에 까무잡잡한 피부의 한 여학생이 팔을 내밀어 악수를 청하고 있었다. 얼떨결에 주머니에 있던 손을 빼내어 청바지에 쓱쓱 두어 번 닦은 뒤 악수에 응했다. 그러고는 얼른 맞잡은 손을 빼내어 다시 바지주머니에 쏘옥 넣었다. 그 모습을 지켜보던 그녀는 '이거, 보기보다 귀여운데?' 하며 성수의 머리를 쓰다듬었다. 그녀의 행동에 성수는 무척 놀랐다. 이미 귀까지 빨개진 상태였다.

'낯선 여자가 내 머리를 쓰다듬다니?'

엄마 외에는 단 한 번도 없었던, 난생처음 겪는 일에 성수는 무척 놀라고 당황스러워졌다. 가슴이 콩닥콩닥 뛰고 있었다.

"이렇게 인사는 했지만, 그렇다고 자주 보게 되진 않을 거야. 난…… 우리 엄마 소원이 좋은 대학 간판 따는 거라, 점수 맞춰서 그냥 여기 온 것뿐이야. 후~, 내가 어딜 봐서 경영학도로 보이니? 안 그래? 하하……. 하긴 넌 수석답게 잘 어울리는 것 같다! 음~, 난 아마도 암실에서 살 것 같아. 거기 없으면 출사 나갔다고 생각하면 되고! 그럼 먼저 간다, 안녕!"

느닷없이 나타나 홀연히 사라져버리는 한 여인 앞에서 성수는 생애 처음으로 느껴보는 황홀경에 빠지고 말았다.

'이런 게 첫눈에 반한다는 건가?'

성수는 그녀가 사라진 뒤에도 한참이나 자신의 볼을 이리저리 꼬집어봤다. 꿈이 아니었다. 그렇게 성수의 마음속으로 그녀, 주연이 성큼 들어와버렸다.
도서관으로 천천히 걸음을 옮기는 성수의 눈앞에 벚꽃이 흩날리고 있었다.

속 마 음

새벽녘에 다시 병원으로 실려온 이 회장이 나흘째 밤을 보내고 있을 때였다. 술을 거나하게 마신 막내아들 성민이 병실로 들어섰다. 몸을 가누지 못할 정도는 아니었지만, 말할 때마다 풍겨 나오는 지독한 술 냄새는 동숙의 코를 몇 번이고 틀어막게 했다. 어디서 이렇게 술을 먹었냐고 다그쳐보지만 성민은 아무 말 없이 동숙을 향해 배시시 웃을 뿐이었다. 그러다가 겨우 입을 떼서 한다는 소리가 이랬다.

"엄마, 요즘 많이 힘들죠? 내가 빨리 더 커서 우리 박동숙 여사님 호강시켜드려야 하는데……, 휴…….”

동숙은 성민의 애교가 싫지 않은지, 웃으며 말했다.

“호강은 무슨…… 다들 말썽이나 안 부렸으면 좋겠다.”

“말썽이요? 누가? 내가? 아니면 누나? 아하……, 우리 집은
늘 형이 말썽이지.”

“너, 무슨 말버릇이 그래? 형한테 말썽이라니. 네가 그렇게
말하면 쓰니?”

성민의 애교에 기분이 좋아진 것도 잠시뿐, 동숙은 또 성민을
나무랐다. 성민뿐 아니라 식구들 그 누구라도 장남인 성수를
향해 싫은 소리를 하게 놔두지 않았다.

“엄마도 참……. 그냥 마음을 접으면 되잖아요. 누나도 있고
매형도 있고 나도 있는데, 왜 형한테 그렇게 집착을 해요?
네? 우리가 그렇게 못 미더워요?”

맨 정신에 하는 말이라고 해도 받아줄까 말까인데, 술까지 먹고 와서 하는 소리니 더더욱 동숙이 받아줄 리 없었다.

"너 지금 어미 앞에서 주정하냐? 그딴 소리 할 거면 집에 가! 이러다 아버지 깨실라……."

이럴 때 아니면 언제 어떻게 속마음을 표현할까 싶었던 성민은 동숙의 만류에도 아랑곳하지 않고 계속해서 떠들어댔다.

"그래요, 저야 뭐………. 아직 말단 사원이고 일 배우려면 시간이 걸린다 쳐요. 그렇다고 기회마저 박탈하진 말란 말이에요. 저도 자식인데 동등하게 기회를 달라구요, 네?"

"얘가 왜 이래, 정말. 너 안 되겠다. 얼른 집에 가서 잠이나 자! 얼른!"

동숙의 호통에 성민은 쫓겨나듯 병실을 나왔다. 회사에 차를 두고 택시를 타고 온 터라 병원 현관에서 다시 택시를 타면 됐지만, 성민은 그러지 않고 병원 밖 큰길가까지 터덜터덜 걷는 쪽을 택했다. 그렇게 한참을 걷고 싶었다. 아무 생각 없이…….

이인자로 살아간다는 것

성연과 호철은 유학 시절 만난 사이다. 어려서부터 똑똑했던 성연은 가진 재능만큼이나 욕심도 많았다. 자라는 동안 오빠인 성수가 늘 먼저인 부모에게 서운함이 커져 이내 무서운 반감으로 자라기 시작할 무렵, 호철이 나타났다. 집에서는 늘 이인자에 머물렀던 성연에게 "당신이 일등"이라고, "당신이 최고"라고 말해주는 호철이 등장하면서 성연은 그간의 설움이 눈 녹듯 녹아내리는 기분이었다. 이 사람과 함께라면 그 어떤 것도 헤쳐 나갈 수 있을 것만 같았다. 오로지 장남인 성수에게로만 집중되는 모든 사랑과 혜택을 이 사람과 함께라면 얼마든지 나누고 부수고 바꿔버릴 수 있다는 확신이 들었다.

한편 호철은 유학 시절 성연을 만나면서부터 자신의 인생에도 볕이 들 것이라고 확신했다. 가난하고 못 배운 부모가 콤플렉스인 호철은 오로지 자신의 머리 하나만을 믿고 달려왔다. 그리고 이제 그것에 대한 보상이 눈앞에 펼쳐질 거라는 야무진 꿈을 꾸게 된 것이다.

부모 잘 만나 편하게 유학길에 오른 성연에 비해 호철은 학비를 벌기 위해 밤낮으로 아르바이트를 몇 개씩 해가며 돈을 모아 겨우겨우 유학길에 오를 수 있었다. 이렇듯 유학길에 오르기까지 서로의 과정은 참 많이도 달랐지만 서로 만나고 알게 되고 사랑에 빠지고, 그 후 서로의 내상을 들여다본 후부터는 이내 한편이 됐다.

일인자가 되겠다는 같은 목표가 생긴 것이다. 어느 정도 서로의 필요를 알고 만난 이들이었지만, 그래도 '사랑'이라는 전제가 깔렸다는 면에서 적어도 성수와 미란의 관계보다는 훨씬 나아 보였다.

*

"호철 씨! 요즘 엄마 때문에 많이 서운하죠?"

"서운하긴."

"하긴 하루 이틀 겪는 것도 아니고……. 미안해요. 내가 대신 사과할게요."

"그런 소리 말래도. 그나저나 형님은 좀 어떠셔?"

"어떻긴요. 오빠는 회사 맡을 생각 없다고 여전히 버티고 ……, 언니는 그럴 거면 이혼하자고 나서고……, 엄마는 그런 새언니 달래느라 정신없고……, 아빠는 저렇게 병원에 누워만 계시고……. 뭐가 어떻게 돌아가는 건지 나도 모르겠어요."

호철은 자신을 못미덥게 생각하는 처가에 서운함이 많았지만, 꾹 누르고 오히려 성연을 달랬다.

"그럴수록 당신이 잘해. 이럴 때 딸이 최고라는 거 몰라? 장모님 곁에서 잘 보살펴 드리라고!"

"최고는 무슨. 당신도 알잖아요. 엊그제 병원에서도 우리가 제일 먼저 달려갔는데, 눈뜨자마자 아빠가 찾는 건 오빠였잖아요! 그 잘난 장남!"

"그거야……."

"아유……, 나도 알아요. 괜히 해본 소리예요. 우리 부모님의 곧 죽어도 장남 사랑을 내가 모를까 봐서요? 하긴, 겪어보지 않은 사람은 모른다니까. 이인자로 살아온 설움을! 우리 엄마도 그러는 거 아니지. 어떻게…… 진짜…… 휴……."

속사포처럼 떠들어대던 성연이 말을 하다 말자 호철이 궁금한 듯 물었다.

"왜? 나한테 얘기 안 한 거라도 있는 거야?"

성연은 입을 삐죽거렸다.

"됐어요, 괜히 또 옛날 생각해봐야 속만 상하지."

"뭔데? 우리끼리는 다 얘기하기로 했잖아. 나한테 비밀 있기 없기?"

"없기요, 하하하……."

호철이 개그 프로그램의 유행어 한마디로 성연의 마음을 풀어주자 '그거면 됐다'는 표정으로 성연은 호철의 품에 안겼다. 세상에서 가장 푸근하고 넉넉한 내 남자의 품. 성연은 이런 남자에게 최고의 날개를 달아주겠노라 다시 한 번 다짐했다.

형 제 라 는 이 유 로

성수는 경찰서에서 온 전화를 받고 한걸음에 달려갔다. 성민이
술에 취해 난동을 부리다가 여기까지 오게 된 거라고 했다. 성
수가 갔을 때 성민은 이미 고개를 떨군 채 잠에 빠져 있었다.

"성민아! 성민아! 정신 차려봐. 어떻게 된 거예요? 얘, 누가
이리로 데려왔어요?"

성수의 질문에 성민을 맡고 있던 담당 경찰이 설명하려는 순
간, 누군가 다가왔다.

"성수 형님! 저예요. 안녕하셨어요?"

화장실에서 막 세수를 하고 나왔는지, 얼굴에 물기가 그대로인 한 남자가 성수에게 바짝 다가왔다. 자세히 보니 D그룹의 장남이자 일찌감치 후계자로 낙점된 성민의 친구 진호였다.

"이 녀석 왜 이러니? 여태 너랑 같이 마신 거야? 얼마나 마셨기에?"

성수의 질문이 채 끝나기도 전에 진호는 대답했다.

"오늘 차세대 CEO 아카데미 모임이 있었어요. 성민이가 하두 안 오길래 전화를 했더니 이미 어디서 저 혼자 한 잔 걸친 모양이더라고요. 우리한테 왔을 땐 이미 취해 있었구요."

"니들한테 오고 나서도 계속 마셨다는 거지?"

안 봐도 뻔하다는 표정으로 성수가 물었다.

"네……, 그 후로도 계속 부어라 마셔라 하더니……, 나중에는 다른 테이블과 치고받고 싸움까지……. 죄…… 죄송합니다."

"좀 말리지 그랬어. 하긴 니들도 제정신이 아니었겠지, 뭐."

"그게……, 저만 빼고 다들 만취라……."

진호는 괜스레 자기가 죄인이 된 듯한 표정으로 성수에게 나머지 상황을 자세히 설명했다.

"그랬구나. 고생 많았어. 여긴 내가 처리할 테니까, 그만 가봐."

"네, 그럼 가보겠습니다. 죄송합니다. 형님!"

"진호 네가 죄송할 건 없지."

"그래도요……."

진호는 성수에게 쭈뼛쭈뼛 인사를 하며 바삐 달아나 듯 경찰서

밖으로 빠져나갔다. 그 모습을 향해 성수는 미안한 마음에 다시 한 번 소리쳤다.

"진호야, 조심히 들어가!"

잠시 후 성수는 보호자 인도 아래 돌아가도 좋다는 얘기를 들었다. 전혀 제 몸을 가누지 못하는 성민을 부축해 겨우 차로 데리고 왔다. 뒷좌석에 앉히자마자 성민은 그대로 쓰러졌다. 성수는 그 모습을 안쓰러운 듯 한참을 바라봤다. 성수는 성민이 깨어나면 이야기라도 해봐야겠다고 생각했다. 그러기 위해서는 식구들이 다 있는 집보다는 양평 별장이 낫다고 판단했다. 차에 시동을 걸고 힘껏 액셀러레이터를 밟았다.

*

한 시간을 달려 도착했을 때는 이미 동이 튼 뒤였다. 아침 햇살이 거실로 쫙 퍼져 들어왔다. 거실 소파에서 그대로 잠들어버린 성민은 눈부신 햇살에 부스스 잠에서 깨어났다. 일어나 보니 주방에 서 있는 형의 뒷모습이 보였다. 북엇국 냄새가 거실 전체에 시원하게 퍼지고 있었다. 성민은 성수에게로 다가갔다.

"형! 여긴 어떻게? 왜 우리가 여기에?"

성민이 미안한 듯 머리를 긁적이며 말했다.

"일어났니? 씻고 와. 밥 다 됐어."

성수의 눈치를 보며 성민이 말했다.

"나, 또야?"

성수가 성민의 머리를 쥐어박으며 대답했다.

"그래 또다. 이 녀석아!"

성민은 미안함에 어쩔 줄 몰라 했다. 하지만 이내 또 철부지 막내다운 모습으로 대꾸했다.

"새벽에 나 데리러 오는 거 처음도 아닌데, 뭘. 그치? 암튼 고생했수다! 히히……. 와~ 근데 그새 밥도 다 차린 거야? 역시 우리 형이라니까……."

성민이 미안한 마음에 괜히 더 너스레를 떨자 성수는 분위기를 제압하려는 듯 말했다.

"딴소리 말고 얼른 가서 씻고 와. 밥부터 먹고 얘기하자!"

성수는 뭔가 결연한 의지에 찬 사람처럼 성민을 향해 나지막이 말했다. 성민은 그래도 큰형이라고 눈치를 보며 욕실로 향했다. 샤워기에서 나오는 물줄기가 몸으로 흐르자 그제야 긴장이 풀리는 것처럼 온몸이 노곤해졌다. 성민은 간밤의 일을 떠올려 봤다.

*

차세대 CEO 아카데미 모임은 정기적으로 있는데, 공교롭게도 그 안에는 후계자로 낙점된 친구들이 많았다. 모두 또래 친구들이었지만, 그 안에서도 나름의 서열이 이미 정해진 모임이었다. 안타깝게도 성민 혼자만 큰형에 치여 후계자의 '후' 자도 내밀 수 없는 존재감 없는 막내아들 취급을 받고 있었다. 그러니 매번 갈 때마다 스트레스를 안 받으려야 안 받을 수 없었던 성민은 그날도 어디선가 잔뜩 술을 먹고 나타나 그 사단을 만든 것이다.

"너희 집은 아직도 싸움박질이냐?"

성민의 심기를 건드린 건 모 건설회사 장남이자 성민의 고교 동창 경수였다.

"너희 형은 죽어도 회사 안 맡겠다고 버틴다며? 성수 형도 참 이상해. 왜 그 좋은 자리를 마다한대? 안 그래, 얘들아?"

경수의 깐죽거리는 말에 상구도 힘을 보탰다.

"그러게 말이야. 그렇다고 성민이 너한테 차례가 오는 거면 환영이라도 해줄 텐데 그것도 아니라며? 참…… 너희 매형? 매형도 보통 아니라며? 누나랑 쌍으로 큰형 이겨먹으려고 야 단이라던데? 하여간 너희 집안도…….."

모여 앉은 대여섯 친구들은 성민의 등장과 함께 모든 대화의 초점을 재동전기로 옮겼다. 그러면서 주고받는 이야기란 것이 그 모양이니, 이미 잔뜩 취해 나타난 성민이 그 정신에 그 자리를 곱게 버틸 리 만무했다.

*

아침 식사를 마친 성수는 커피를 내려 거실로 갔다. 밥 먹는 동안 별 얘기가 없던 성수가 성민을 불렀다.

"이리 와서 앉아봐."

"⋯⋯."

"왜? 한두 번도 아니고⋯⋯. 양심은 있어서 미안하긴 한가보지?"

"아니, 뭐⋯⋯."

성민은 뒷머리를 긁적거리며 성수에게 미안하다고 말하려다가 마음을 고쳐먹었다. 그러고는 오히려 뻔뻔하게 말했다.

"사실 형이면 이럴 때 나서야 하는 거 아냐? 장남이 집안 구석구석 챙기는 건 당연한 거지, 뭐. 그렇다고 내가 누나를 부르겠어? 매형을 부르겠어?"

"누가 뭐래?"

"그러니까……."

성민은 꼬리를 팍 내리고 대답했다. 잠시 둘 사이에 침묵이 흘렀다. 그러다가 성수가 성민을 향해 넌지시 말했다.

"지금 아버지랑 어머니는 내가 마음을 바꾸기를 기다리시지만, 그럴 리 없을 거야. 다만 내 바람이라면 네가 얼른 장 상무한테 경영수업 차근차근 잘 배워서 내 자리를 대신했으면 하는 거야."

뜻밖의 말에 성민은 의아했다. 그러고는 재차 물었다.

"형이 나를 밀어주겠다고? 누나나 매형이 아니라?"

"그렇다니까. 물론 최종 결정은 부모님이 하시는 거지만. 내 자리를 누군가 대신해야 한다면 난, 너야! 그러니까 나 못 잡아먹어서 안달 내는 것 좀 그만해! 응?"

믿기지 않는다는 듯 성민이 성수의 얼굴을 뚫어져라 쳐다봤다.

"녀석도 참. 그렇다고 너무 안심하진 마. 삼촌이나 성연이, 김 서방 모두 자리다툼이 치열할 테니까."

성민은 너무 좋으면서도 한편으로는 의심도 생겼다.

"하지만 우리 엄마 성격에 이런 일이 가당키나 할까? 엄마한테 형은 세상 전부인데 말이야."

"늘 그 점을 미안하게 생각하고 있어, 너나 성연이한테 ……."

"알기는 알아? 엄마 아빠가 심하리만큼 유독 형만 챙겼다는 걸?"

"미안해. 때로는 나도 그게 무척 부담스러웠다고 말하면 비

웃으려나?"

"당연히 비웃지! 누나랑 나랑 매번 찬밥 신세여야 하는 게 얼마나 서러웠는지, 형은 모를 거야. 내가 그때만 생각하면 정말……."

성민은 밥을 뜨다 말고 수저를 내려놓더니 거실로 걸음을 옮겼다. 마음속에 응어리처럼 남아 있는 한마디를 생각하면 지금도 이따금씩 가슴 한편이 따끔따끔 아파왔기 때문이었다.

*

성민이 여섯 살쯤 됐을 무렵, 세 끼 밥을 다 챙겨 먹기가 무척 어렵던 시절이 있었다. 안 그래도 좁은 집에서 더 좁은 집으로 이사를 가야 하는 상황에 처하자, 동숙은 궁여지책으로 이 회장에게 제안을 했다.

"성수만 데리고 가고, 성연이랑 성민이는 시골 이모님 댁에 맡기자고요."

"어떻게 그래? 오히려 어린 것들을 챙겼으면 챙겼지."

"여보! 우리 성수…… 성수가 어떤 자식인데 남의 손에 키워요? 난 그렇게 못 해요. 절대 못 해요. 성수는 우리 집 장남이라구요! 장남!"

"휴~, 그러니 이를 어쩌면 좋으냐고……."

"그러게 성민이는 낳지 말았어야 했는데 괜히 낳아가지고……. 어이구, 우린 가족계획에 실패한 거라구요!"

*

오래전 그날 밤, 성민은 이 세상에 태어나지 말았어야 하는 존재가 돼버렸다는 상실감에 밤새 서럽게 울었다. 그런 성민의 마음도 모르고 동숙은 잠 안 자고 보챈다고, 자꾸만 울어젖힌다고 성민을 야단치고 밤새 타박했다. 그 기억이 성민에게는 아직도 고스란히 남아 있었던 것이다.

기 회 를 노 리 다

성수에게서 '너를 밀어주겠노라'고 확답을 받은 성민은 조금
은 용기가 생겼다. 당장의 삶에 그 어떤 변화가 없을지라도 훗
날에 대한 기대감이 생겼다는 사실만으로도 지금을 견딜 수 있
었다. 그날 이후 성민은 더더욱 박차를 가해 장 상무로부터 경
영수업을 받기로 했다.

*

장윤호 상무는 이 회장의 오른팔로, 회사의 전반적인 업무 및

재무 사항을 속속들이 파악하고 있는 인물이다. 15년 전 모 대기업에서 일하다가 스카우트 되었는데, 처음에는 동숙을 비롯해 전무이사이자 동숙의 하나뿐인 남동생 정환에게 견제를 당하기도 했다. 하지만 애초에 이 회장의 신임을 얻은 그는 묵묵히 자기 자리에서 할 일을 해왔고, 그런 모습을 통해 다른 식구들의 신의를 얻는 데 성공했다. 그러는 사이 장 상무는 회사의 보이지 않는 암투와 비리까지 파악할 정도로 이 가족기업의 안팎을 깊숙이 꿰뚫어보게 됐다. 이 회장 자리를 노리는 전무이사 정환이 비자금을 조성하고 있다는 사실이나, 둘째 딸 성연의 남편 호철이 회사를 갖기 위해 성연을 등에 업고 호시탐탐 야망을 불태우고 있다는 것까지도 모조리 파악한 상태였다.

한편 장 상무는 이 회장의 뜻을 모르는 바는 아니지만, 전혀 뜻이 없는 장남 성수 대신 차남인 성민에게 경영수업 등 후계자 훈련을 시키는 것이 현실적인 대안임을 끊임없이 제안하고 있었다. 그래서 수시로 따로 시간을 내어 성민과 마주하는 시간을 갖게 된 것이다. 이에 대해 이 회장은 일단 부정도 긍정도 하지 않은 채 지켜볼 뿐이었다. 어떤 면으로는 플랜 B를 염두에 둔 건지도 몰랐다.

*

장 상무 앞에서 떨릴 법도 한데, 성민은 당차게 말했다.

"제 생각에는…… 우리 같은 성격의 가족기업이 성장하려면 어느 정도는 '감성'에 호소하고 '문화'를 팔아야 한다고 생각해요. 가치를 알아봐주는 기업으로 성장시켜야 하는 거죠. 아버지 시대의 방법으로는 더는 승산이 없다고 봐야죠!"

"문화를 판다? 좋은 생각이야. 그렇다면 우리 회사에 한번 적용해볼래? 어떤 아이디어가 있을까?"

마치 강사와 학생이 질의응답을 주고받듯 장 상무와 성민의 대화는 탁구처럼 이어졌다.

"우리 회사가 전기·조명 회사니까, 가령 백열등이 퇴출되는 걸 예로 들어볼까요? 이제 더는 추억의 백열등은 생산이 안된다고 하지요? 모두 LED 전구로 교체되는 시점인데요. 실제로 올 들어 본격적으로 백열전구, 할로겐램프 등의 수요를 고효율 제품으로 전환할 수 있도록 LED 조명 보급지원사업

등이 시행 중인 걸로 알고 있어요. 물론 이 계획은 이미 2008년 12월에 에너지 이용 합리화 기본 계획으로 결정됐다고 들었구요."

"제법인데? 계속해봐."

"이 부분에 대해서는 우리 회사도 발 빠르게 움직인 덕분에 선두업체가 된 거라 생각해요. 어쨌든 백열등이 퇴출되는 가장 큰 이유는 에너지 효율문제 때문인데요, 전기 에너지의 95퍼센트를 열로 낭비하는 대표적 저효율 조명기기인 백열전구에 비해 LED 전구는 가격이 10배 이상 차이가 나지만 수명 면에서 보면 약 1,000시간 대 2만 5,000시간으로 비교가 안 될 정도로 LED 전구가 길다는 거죠. 즉, 기존 백열등을 고효율 LED 전구로 교체할 경우 연간 유지비용을 약 80퍼센트 정도 절감할 수 있다고 계산한 통계가 있더라고요. 문제는, 그럼에도 불구하고 우리나라의 전통시장에서는 아직도 상당수의 백열등이 사용되고 있는 걸로 파악되고 있어요."

"그 이유가 뭐라고 생각하나?"

"역시, 자료들을 보니까 몇 가지로 정리됐어요. 우선 백열등의 밝고 따뜻한 느낌이 소비욕구를 일으키며 쉽게 눈에 띄어 점포의 간판 같은 효과가 있기 때문이라고 하더라고요. 물론 백열등의 전력소모량에 대한 홍보가 부족했고, 상대적으로 LED 전구 가격이 고가이기 때문이라는 이유도 있었지만요."

"그렇다면 젊은 세대인 자네가 해야 할 일이 뭐라고 보나?"

"오늘 감히, 그 말씀을 드리려고 합니다. 한마디로 '감성 마케팅'을 해야 하지 않을까 싶어요. 아버지 세대처럼 단순히 빛을 다루는 제작, 판매에 그치는 것이 아니라, 사람의 마음을 사로잡는 감성에 호소하는 방법을 연구해야 한다는 거지요. 이미 앞서가는 업체들이 시작한 아이템이기도 한데요, 각종 인테리어에 LED 조명을 접목시키는 것도 좋은 방법이라고 생각해요."

"그렇지. 요즘 드라마 협찬으로도 많이 활용되고 있는 큐리즘 LED 조명 가구들을 보면 리모컨 하나로 자유자재로 색상을 바꿀 수 있다는 편리함이 있지. 그야말로 환상의 조명을 연출하더군."

"그뿐만 아니라 몸과 마음을 힐링할 수 있는 컬러테라피 조명도 인기잖아요. 이런 식의 연구가 꾸준히 있어야 한다고 봐요. 저는, 또 아날로그가 필요한 곳은 전통을 지키되 디지털화할 것은 과감히 변화시키는 전략이 필요하다고 생각합니다."

장 상무는 성민이 제법 기특하게 느껴졌다. 사실 성수가 성민의 나이였을 때는 이 정도 싹조차도 보이지 않았기 때문이다.

"성민 군! 그동안 연구 많이 했는걸? 이런 걸 회장님이 아셔야 할 텐데……."

"저는 단지 기회조차 박탈당하는 게 속상해요, 억울하다구요. 제가 어떤 생각을 갖고 있고 어떻게 준비를 하고 있는지 정도는 들어줘야 하는 거 아니에요? 그런데 부모님은 아직도 어린애 취급이에요. 맨날 술 먹고 사고나 치는 그런 철없는 막둥이로 보는 거죠. 물론 제 탓도 있지만요."

"그런 거 알았으면 앞으로 조심하면 되지. 준비하는 자에게 기회는 오는 법이니까! 알았지?"

"네! 명~심하겠습니다!"

장 상무로부터 용기를 얻은 성민은 날아갈 것 같은 기분이었다.

엄마의 시곗바늘

성민은 장 상무의 도움을 받아 은밀하게 경영수업을 받고 있었고, 이를 알지 못하는 나머지 식구들은 오늘도 서로를 견제하며 피곤한 하루를 보내고 있었다. 어느 정도 호전을 보인 이 회장은 퇴원해 다시 집으로 오게 됐다. 동숙은 이제 더는 시간을 끌면 안 된다고 생각하고 있었다. 성수를 확실히 설득해 가업 승계에 도장을 찍게 하고 말겠다고, 단단히 결심을 했다. 그러고는 그날 밤 성수를 서재로 불렀다.

"성수야! 너 하나만 마음 고쳐먹으면 모든 게 만사형통이야!

어미 말…… 무슨 뜻인지 알지?"

동숙의 뜻을 모르지 않았으나, 성수도 어쩔 수 없음이 답답했다.

"어머니! 죄송합니다. 이제 그만 저를 내버려두세요."

"성수야, …… 내가 뭘 어쨌다고 자꾸 너를 내버려두래? 네가 아버지 뒤를 잇겠다고 하면 누가 널 괴롭히니? 그게 미란이도 좋고 나도 좋고 너도 좋고, 응?"

"저는 안 좋아요. 제가 원하는 삶은 이런 게 아니라구요!"

"이런 게 아니면 뭔데? 너 설마…… 아직도 주연인지 뭔지 생각하고 있니? 그런 거야? 그래서 어미한테 반항하는 거야? 네 나이가 몇인데 대체 반항이야?"

"……."

"내가 널 어떻게 키웠는데 그깟 계집애 하나를 못 잊어 부모 가슴에 못을 박니? 네가 어떻게? 응?"

"그러게 왜…… 그때 말리셨어요. 주연이랑 결혼하게 놔두셨으면 지금 제가 이러겠냐구요?"

"그 소리 그만 못 해? 걔가 어딜 봐서 네 짝이라니? 사진 찍는답시고 미국으로, 독일로, 아프리카로 1년에 서너 차례 전세계를 휘젓고 다니는 계집애를 따라 너도 나서겠다는데, 그걸 어떤 부모가 바라보고 있냐고!"

"주연이랑 있으면 다른 거 하나 없어도 괜찮았어요. 아무것도 욕심내지 않아도 됐다고요. 그냥 저를 인간 이성수로 봐주는 거…… 그거 하나면 됐었다고요. 그런데 지금은……."

"지금은 뭐? 미란이가 너한테 많은 걸 바라는 것도 아니잖니? 잘 나가는 중견 기업 사모님 소리 듣고 싶은 게 그렇게도 큰 욕심이니? 미란이네서 우리 집한테 해준 걸 생각해봐. 네가 지금 그게 할 소린가? 내가 미란이 친정에 얼굴을 못 든다, 못 들어……."

성수의 변은 계속됐다. 강하게 마음먹은 듯 독한 말들을 쏟아냈다.

"어머니, 그렇게 돈이 좋으셨어요? 회사가 중요했냐고요? 자식을 돈으로 거래할 만큼요?"

"뭐가 어쩌고 어째? 성수야, …… 너 엄마한테 왜 그러니? 너 안 그랬잖아. 우리 착한 아들 성수가 어쩌다가 이렇게 변했니? 내가 너를 어떻게 키웠는데……. 너한테 모든 걸 다 쏟았는데 이제 와서 왜 그러냐고?"

동숙은 금방이라도 쓰러질 듯 기막힌 표정으로 말했다.

"그러게 왜 저한테만 모든 걸 다 주셨어요? 성연이랑 성민이한테도 공평하게 나눠주셨으면 지금처럼 우리 삼남매 사이가 이렇게 벌어지지는 않았을 거 아네요? 지금까지 그 애들한테 얼마나 미안한지……. 제 맘 모르실 거예요, 어머니는."

동숙은 성수가 너무 야속하게 느껴졌다. 동숙의 눈에서는 어느새 눈물이 흐르고 있었다. 자신의 가슴팍을 치며 동숙은 말했다.

"미안하긴 뭐가 미안해? 그땐 다 그렇게 키웠어. 어떻게 없는 돈에 자식 셋을 똑같이 좋은 거 해 입히고 공부시킨다니?

그렇다고 내가 걔들한테 못 해준 건 또 뭐니? 오히려 네가 안 간 유학을 걔네 둘은 다 보내줬잖아! 그래, 말 나온 김에 너! 그때 유학가라고 실컷 준비해놨더니 주연이랑 몰래 여행이나 가버리고! 그때…… 내가 아버지한테 거짓말로 둘러대느라 얼마나 고생했는지 알아? 아이고, 그때만 생각하면 진짜……."

동숙은 아예 서재 바닥에 주저앉았다. 신고 있던 슬리퍼를 벗어 손에 쥐고는 바닥으로 내려치며 한탄했다. 성수의 기운도 사그라지지 않았다.

"그래서 어머니…… 주연이한테 돈 봉투 내미셨던 거예요? 그래서 멀리멀리 외국으로 쫓아버리셨냐구요? 그건 잘한 짓이에요? 네?"

"잘한 짓? 엄마한테 지금 '짓'이라고 했니? 아이고, 머리야……. 성수야. 이놈아……."

지지 않고 퍼붓는 성수를 보면서 동숙은 기가 막혔지만, 말 나온 김에 다 하자는 심사로 대화를 이어나갔다.

"그때 내가 그렇게 안 했으면 너는 부모고 집이고 뭐고 아무 것도 안 보였을 거야. 그년 따라 어디든 갔을 놈이라고! 그놈의 사랑이 뭐라고……."

"그냥 주연이 따라 가게 놔두지 그러셨어요. 그러면 이제껏 어머니를 원망하며 사는 일도 없잖아요. 제가 어머니 평생 미워하면서 살면 좋겠어요? 네?"

믿었던 성수한테 쾅 하고 한 대 얻어맞은 것 같은 충격에 빠진 동숙의 눈에 이제는 눈물도 흐르지 않았다. 힘없이 자리에서 일어서며 성수에게 다가와 말했다.

"너…… 나를 미워하니? 예전에도 미워했고 앞으로도 미워하면서 살겠다고?"

"그래요, 미워요. 싫어요. 다 지긋지긋해요. 어머니 방식의 사랑이요!"

평소에 말로는 절대 지지 않는 동숙이었지만, 작정하고 덤비는 성수 때문에 기싸움에서 밀린 듯했다. 게다가 한평생 물고 빨며 키운 아들이, 온갖 사랑을 다 쏟아부은 아들 성수가 자신을 평생 미워하면서 살지도 모른다는 얘기를 듣자, 자신의 사랑이 그토록 지긋지긋하다고 퍼붓자 동숙은 갑자기 온몸에서 기운이 다 빠지는 느낌이었다. 어떻게 키운 아들인데……, 그 아들 입에서 저런 소리가 나오다니……. 망연자실한 동숙은 이 회장이 누워 있는 안방으로 어떻게 건너왔는지도 모를 지경이었다.

툇마루 2:
갈등 관리를 위한 가족 심리 치료

가족기업에서 가족 간의 갈등은 쉽게 발견된다. 문제는 도전과 변화를 주는 긍정적 영향이 아니라 응집력을 저해하는 부정적 영향이며, 이는 가족에뿐만 아니라 기업에까지 지대한 영향을 미친다는 것이다. 문제를 겪고 있는 많은 가족기업의 상황을 좀 더 깊숙이 들여다보면 가족 간의 갈등이 항상 그 중심에 있음을 거의 모든 가족기업 컨설턴트들이 공통적으로 증언하고 있다.

가족 간의 갈등 해결은 참 어려운 문제이다. 제삼자가 가족의 문제에 대해 듣고 조언하기는 쉬우나, 그 문제를 이해하고 해결하려는 당사자는 더 많은 어려움에 부딪히는 모습을 종종 목격하게 된다. 가족이기 때문에 이러한 상황에 너무 익숙해져 있고, 그동안 수없이 해결하려 했던 노력이 더는 진전되지 않으며, 도저히 해결할 수 없는 문제로 여겨져 대응에 대한 모든 동기를 없애버린다.

하지만 가족 간의 갈등을 방치하면 개인과 가족 간의 불행뿐만 아니라 기업에까지 이어져 가족과 기업 전체에 나쁜 영향을 미치기 때문에 가족기업의 문제를 다룰 때는 가족 간의 문제가 없는지, 있다면 어떻게 대처해야 하는지를 중요하게 여겨야 한다. 따라서 가족상담이나 가족심리치료는 가족기업의 갈등문제를 해결하기 위한 중요한 수단이다.

가족치료의 목적은 가족구성원들의 자아가 분화될 수 있도록 하여 나머지 전체 가족들의 분화를 도와주고 궁극적으로 가족기업에 미치고 있거나 잠재적으로 미칠 수 있는 갈등을 예방하고 해결하는 것이다. 분화란 가족이라는 집단에 속해 있으면서도 자기의 인생 목표와 가치에 대한 결정을 내릴 때 독립적으로 행동할 수 있는 능력을 말한다. 즉, 분화가 잘 된 성숙한 인격의 사람은 가족의 사랑을 누리고 가족이라는 집단에 잘 동화되면서도 본인의 문제에 스스로 결정을 내릴 줄 아는 반면, 미분화된 상태의 사람은 가족과 정서적으로 융합되어 있어서 자신의 의견보다는 부모가 원하는 대로 의사결정을 하는 사람이다. 가족을 시스템적으로 보았을 때 가족구성원의 자아 분화를 방해하는 요소로는 삼각관계, 가족 내의 정서 단절, 출생 순위에 따른 자녀들의 위치 등이 있다.

가족기업 컨설팅 가운데 가장 흔하게 발견되는 가족 간의 갈등 원인은 가족 간의 삼각관계 때문에 낮은 수준의 분화를 보이고 있는 부모와 자녀 간의 문제이다. 삼각관계란 두 사람 간의 관계에 문제가 있을 때 다른 제삼자에게 애착을 가짐으로써 관계의 문제를 보상받으려 하는 것이다. 예를 들어 부부간의 관계에 문제가 생기는 경우, 엄마는 아들에게 지나친 애착을 가짐으로써 삼각관계를 형성하게 된다. 엄마에게는 아들을 통해 자기가 희생하는 모든 것을 보상받으려고 하는 심리가 내재되어 있어, 아들의 독립성을 방해하고 심지어는 구속하려 한다. 이러한 문제는 아들이 결혼한 뒤 고부간의 갈등으로 발전될 뿐만 아니라, 아들이 가족기업의 경영자로서 올바른 리더십을 발휘하는 데 방해가 된다. 이러한 사례는 정도와 양상의 차이만 있을 뿐 국내 가족기업에서 발견되는 가족 갈등의 전형적인 모습이다.

가족의 문제가 가족기업에 나쁜 영향을 미치지 않도록 가족 갈등에 적극적으로 대처하고, 갈등 상황을 성숙하게 받아들이는 것이 중요하다. 가족 갈등 해결에서 먼저 이루어져야 할 것은 가족 갈등이 가족기업에 미치는 영향이 크다는 것을 인식하고, 이에 대한 교육프로그램에 참여하는 것이다. 가족 갈등에 관련된 프로그램은 가족을 이해하는 방법과 가족 간의 효과적인 커뮤니케이션 방법 및 가족기업의 갈등 방지에 대한 내용으로 구성된다. 가족 갈등의 정도가 약하거나 악화되기 전에 가족기업의 구성원인 가족들이 이러한 교육

프로그램에 참여하는 것은 매우 유익하다.

　많은 경우가 그렇지만, 만약 가족 간의 갈등이 심화된 경우에는 전문적인 가족 치료와 상담을 받는 것이 현명하다. 아직도 우리나라의 경우 심리치료나 상담을 받는 것을 금기시하거나 꺼리는 경우가 많지만, 이러한 관점에서 빨리 벗어나야 한다. 가족 치료는 최소한 6개월 이상의 기간 동안 10회 내지 12회의 세션에 걸쳐 가족 치료 전문가를 통해 진행되는데, 다양한 심리치료기법과 코칭을 통해 가족구성원 개개인이 좀 더 분화할 수 있도록 돕는다.

　가족 치료와 상담의 방법으로는 정신역동적 가족 치료, 보웬의 다세대 가족 치료로부터 최근의 방법인 해결 중심 단기 가족 치료, 이야기 치료 등이 있다. 각 가족 치료 방법에서 사용되는 주요 기법을 정리해보면 다음과 같다.

가족 치료 및 상담 방법과 주요 해결 기법

구분	주요 해결 기법
정신역동적 가족 치료	경청, 공감적 이해, 해석 등
보웬의 다세대 가족 치료	가계도, 탈삼각관계, 나의 입장, 과정 질문, 코칭 등
구조적 가족 치료	합류하기 또는 적용하기, 상호 작용 다루기, 능력 구체화하기, 경계선 만들기, 균형 깨뜨리기 등
경험적 가족 치료	심리 내적인 체계, 상호 작용 체계, 원가족 체계, ``

해결 중심 단기 가족 치료	예외 질문, 기저 질문, 척도 질문, 대처 질문 등
인지행동주의적 가족 치료	체계적 둔감화, 이완 훈련, 행동형, 토큰 강화법, 유관 계약, 타임아웃, 자기주장 훈련 등
교류 분석과 가족 치료	구조적 분석, 교류 분석, 게임 및 라켓 감정 분석, 각본 분석 등
이야기 가족 치료	외재화를 위한 질문, 독특한 결과를 찾기 위한 질문, 재저작을 위한 질문, 새로운 이야기 강화를 위한 질문 등

자료: 서혜석 외, 『가족치료 및 상담』(공동체, 2012), 재구성.

가족기업의 내외부에 있는 이해관계자는 가족문제의 해결 없이 기업의 문제가 해결될 수 없다는 전제하에, 가족 간의 문제와 갈등을 해결할 수 있도록 가족 치료 전문가와의 직접적인 상담과 치료가 필요하다는 점을 명심하고 있어야 한다.

마 이 너 스 에 서 플 러 스 가 되 기 까 지

부모도 없고 돈도 없고 가진 것이 아무것도 없었던 동숙은 지금의 이 회장을 만난 뒤로 가진 것이 하나둘 늘어났다. 세상 무엇과도 바꿀 수 없는 아들이 생겼고, 돈이 생겼으며, 어디 나가도 빠지지 않는 지위가 생긴 것이다.

이것들을 잘 유지하며 살기 위해서는 장남 성수가 답이라고 생각했다. 이 집안의 장남인 성수를 최고의 인물로 키워 가업을 잇게 하는 것은 물론이고, 나중에는 그런 아들을 키워낸 대단한 어머니라는 찬사를 얻고 싶은 마음도 있었다. 이를 위해서는 세상에 못 할 일이 없었다. 하루하루 악착같이 살면서 이 회장을 보필했고, 성수를 알뜰살뜰 보살폈다. 물론 성연과 성민이 줄줄이 태어나면서 그 마음이 분산되기도 했지만, 언제나 마음속에는 장남 성수가 넘버원으로 자리하고 있었다. 그것은 변함없는 진리였다. 동숙에게는 성수가 신앙이었던 것이다.

*

사랑하는 여자와 떼어놓고 맘에 없는 여자와 결혼을 시켰다고, 돈으로 자식을 거래했다고, 이제 와서 바득바득 대들며 반항하는 성수 때문에 속이 문드러질 대로 문드러진 동숙은 그렇다고 출근까지 안 할 수 없었다.

안 그래도 요즘 이 회장과 동숙 내외가 몸 상태를 이유로 수시로 자리를 비우자 회사 분위기도 어수선해 보였기 때문이었다. 힘들게 출근을 하자 동숙의 하나뿐인 남동생이자 재동전기 전무이사로 있는 정환이 찾아왔다.

"누나! 몸은 좀 어때요? 요즘…… 애들 때문에 많이 속상하죠?"

"그렇지, 뭐."

동숙이 말할 힘도 없다는 듯 시큰둥하게 반응했다.

"그래도 다 지나가는 바람일거예요. 지들이 어쩌겠어요? 결국엔 부모 말 들어야지. 다 지들 잘되라고 그러는 건데……. 안 그래요?"

"그렇지도 않은 것 같아, 요즘 자식들은."

어느 정도 체념한 듯 동숙이 대답하자 슬슬 동숙의 표정을 살피던 정환은 뭔가 말을 꺼내려는 듯한 눈치를 보였다. 그러고 보니 회사에서는 좀처럼 동숙의 방으로 오지 않는 정환이었는데, 오늘은 어쩐 일인지 동숙은 의아했다.
물론 동숙이 심기가 안 좋다고 하니 들린 것이었겠지만, 그 때문은 아닌 것 같았다. 하지만 동숙은 겉으로 내색하지 않았다.

"누나! 내가 요즘 회사 돌아가는 걸 보니까, 이대로 보고만 있을 수는 없겠어요. 이참에 누나가 나를 좀 밀어주면……."

그 말에 동숙은 '그럼 그렇지' 하는 표정으로 양손을 허리에 짚으며 자리에서 일어섰다.

"왜? 너까지 나서서 그래?"

정환도 지지 않고 반박했다.

"너까지라니요? 누나! 내가 이 회사에 기여한 게 얼만데? 누나, 잊었어요? 우리 둘이 매형 도와서 쪼그마한 구멍가게 살린 거잖아요."

정환은 지나간 기억을 끄집어내며 동숙의 마음을 얻어보려는 듯했다.

"누가 너 고생한 거 몰라서 그래? 그래도 그건 아냐. 너는 딱 거기까지! 알았어?"

"뭘 또 그렇게 야박하게 선을 긋고 그래요? 그러지 말고 나랑 진지하게 얘기 좀 합시다. 네?"

"무슨 얘기를 하자고 그래? 속 시끄러워 죽겠는데?"

"그러니까 내 말은……"

정환은 누가 들을세라 의자를 바짝 당겨 동숙에게 귓속말을 건 넸다. 얘기인즉슨 후계자 자리를 놓고 더는 고민하지 말고, 오 히려 자신을 밀어보라는 얘기였다. 그게 아니라면 이 회장의 돈이라도 갖겠다며 좀처럼 내보이지 않던 속내를 엉큼하게 드 러내고 만 것이다.

"그러니까 누나……. 채널 하나 만들어줘요. 매형 돈, 나도 가질 자격 되지 않겠어요? 누나가 조용히 협조해주면 서로 좋은 거고……, 그게 아니면 내 방법대로 하는 거고……."

돈 앞에서는 형제도 뭐도 없다고 하더니, 이런 식으로 들이대 는 정환 앞에서 동숙은 가슴이 답답해져왔다.

"너 지금, 나 협박하는 거니?"

동숙의 말에 한 치의 흔들림도 없이 정환은 또박또박 말대답을 했다.

"협박은요. …… 누나는 무슨 말을 그렇게 섭섭하게 해요? 이 세상에 핏줄은 누나랑 나랑 달랑 둘뿐인데. 그러면 쓰나?"

"왜, 올케가 돈 갖고 오래? 지금 그 돈으로는 성에 안 찬대? 죽을 때 돈다발 싸갖고 간대? 대체 왜 너까지 그래?

"누나, 그런 얘기가 아니잖아요."

"아니긴 뭐가 아니야! 시끄럽고, 그딴 얘기 할 거면 나가봐!"

"에잇……, 오늘은 가볼 테니 한번 생각해봐요. 다시 이야기 하자구요!"

*

정환이 동숙의 방을 나가고 잠시 조용해지자 이번에는 기다렸다는 듯이 성연과 호철이 함께 들어왔다. 동숙은 이마에 손을 짚은 채 자리에서 일어나지 못하고 있었다.

"엄마! 삼촌 무슨 일이에요?"

"아니야, 아무것도. …… 그러는 너는 왜 또?"

"왜 '또'라뇨? 자기야 앉아."

"자네는 왜 성연이랑 세트로 다니나? 그렇게 할 일이 없어?"

동숙은 정환 때문에 받은 화를 성연 부부에게 풀고 만다.

동숙의 반응에 성연은 또 발끈했지만, 호철이 옆에서 옷소매를
잡아당기며 말리는 바람에 참기로 했다. 침 한 번 꿀꺽 삼키고
동숙에게 온 용건을 말했다.

"엄마! 중요한 제안드릴 게 있어서 온 거예요. 저는 금방 일
어설 거구요!"

"뭔데?"

"일단 저는 이번에 새로 뽑아본 디자인, 최종 시안 정해주시
면 되구요, 자기야! 말해, 의견 있다면서?"

동숙의 퉁명스러운 반응에도 호철은 기죽지 않고 자신의 생각
을 또박또박 전달하기 시작했다.

"내일 모레 중소·중견 기업을 위한 투자전용펀드에 관한 설명회가 있을 거예요. 시간 되시면 함께 들어보셨으면 좋겠어서요. 그리고…… 우리 회사도 이젠 기관 투자자에게 투자받을 수 있는 회사시스템이 돼야 한다는 게 저의 지론입니다. 요즘 각처에서 '창조경제'다 뭐다 얘기들이 많은데, 우리도 이쪽으로 좀 더 귀를 기울이고 개방해야 하지 않을까 싶어요. 이미 생각하고 계신 바겠지만, 요즘 아버님 때문에 정신 없으신 것 같아서 상기시켜드리는 겁니다."

사실 동숙은 여기까지는 생각하지 못했다. 이 회장과 동숙은 그저 옛날 방식에 익숙한 사람들이라 각종 전기와 산업 기자재, 그리고 다양한 조명 기구를 많이 만들어 두루두루 잘 내다 팔고, 그만큼의 이윤을 남겨 또 새로 만들면 그만이라는 생각이 지배적이었기 때문이다. 사실 호철의 말대로 한다면 지금의 재동전기의 돈줄인 미란의 친정에 기생해서 사는 일도 덜 할 것이라는 판단이 들었다. 그러면 은근히 돈을 무기로 동숙을 공격해오는 미란의 눈치를 더는 보지 않아도 될 것이라는 생각이 머릿속을 스치고 지나갔다.

"배운 사람이라 그런지, 이럴 땐 자네가 좀 다르긴 하군."

"어머, 엄마! 혹시 이 사람 칭찬하는 거예요? 이게 몇 년 만이 야? 자기야, 기분 좋지?"

"어? 좋지……, 허허……. 감사합니다, 장모님!"

"감사는 무슨."

호철 자신도 뜻밖이었다. 동숙이 자신의 의견을 단박에 묵살할 줄 알았는데 이렇게 대뜸 수긍하는 데는, 그동안 성수와 미란 의 대립 때문에 중간에서 마음고생이 심했다는 걸 반증하는 것 이기 때문이었다.

모처럼 마케팅 전략팀장으로서 회사에 일조하고 동숙의 마음 에 드는 일을 했다고 생각하니 한결 기분이 좋아졌다. 사실 호 철은 업무능력 면에서는 성수나 성민에 비해 아주 월등히 탁월 했다. 성연과 결혼하기 전에 다녔던 회사에서도 마케팅 팀장으 로서 능력을 인정받고 있었다. 하지만 그 회사에서 자신이 오 를 곳은 딱 거기까지라는 것을 잘 알고 있었다.

그런 호철이 바로 눈을 돌려 바라본 것은 성연과 결혼해 그의 아버지, 즉 이 회장의 자리에 오르는 것이었다. 내심 이런 계획 을 오래전부터 꿈꾸고 있었는데 결혼 후 곧바로 지금의 재동전기에서 일하게 됐고, 집안에서 이인자로서 받은 설움이 가득한 성연 덕분에 오히려 호철의 계획은 차근차근 진행되고 있는 셈이었다.

결혼 전이나 지금이나 그다지 달가워하지 않는 동숙의 눈길이 가끔씩 마음에 걸리지만 어쩌랴, 이 모든 걸 뛰어넘어야 그 자리에 갈 수 있을 테니.

한편 호철은 이런 상황이 어떤 면에서는 다행이라고 생각했다. 성연에게 부모와 오빠 성수에 대한 서운함이 증폭될수록 자신에게는 오히려 좋은 기회가 된다는 것이 말이다.

겉으로는 찬밥 취급 당하는 사위로 비춰질지 몰라도, 속으로는 이들 가족의 싸움으로 반사이익을 얻게 되는 것은 어쩌면 자신일지도 모른다고 생각하는 호철이었다.

그런가 하면 동숙은 처음부터 왠지 호철이 맘에 들지 않았다. 그 눈빛이 참 싫었다. 맡은 일 잘하고 성연을 아껴주는 건 분명 잘 알겠는데, 그 너머에 숨어 있는 야망이 늘 마음에 걸렸다. 어쩌면 그것은 젊은 시절 동숙이 가졌던 욕망을 호철에게서 발견하고 있기 때문인지도 몰랐다.

기 억 이 란

부모 말이라면 한 번도 거역한적 없던 성수가 작정이라도 한 듯 반기를 들고 나오는 통에 동숙도 앓아누운 지 며칠째였다. 그 사이 다행히도 이 회장은 기력을 회복했다. 하지만 오랜만에 회사에 나간 이 회장은 뭔가 촉이 안 좋음을 느꼈다.

  '너무 자리를 오래 비웠나?'

이 회장은 혼잣말을 하며 그동안 밀린 업무를 살펴보기 시작했다. 그러던 중 이 회장의 근황을 궁금해하는 한 친구가 몇 번이나 연락을 취해온 걸 떠올리고는 미안한 마음에 전화를 넣었다. 다행히 통화가 연결됐고, 바로 점심 식사를 약속해 두어 시간 뒤 만나기로 했다. 이 회장은 그때까지 상 상무를 만나 그간의 회사 분위기를 파악해보기로 했다.

*

성연은 동숙이 앓아누웠다는 소식에 성수를 찾아갔다. 안 그래도 하루가 멀다 하고 부모는 번갈아가며 편찮으시지, 오빠라는 사람은 장남이 돼 집안을 시끄럽게 하는 일에만 앞장서지, 뭐 하나 맘에 드는 구석이 없다고 생각한 성연은 왜 또 이 분란을 만들었는지 성수를 찾아가 따져 물을 기세였다. 형식적으로 빠르게 세 번만 노크하고는 사무실 문을 열었다. 결재서류를 검토하던 성수가 힐끗 고개를 올려다봤다.

"왜 또?"

"그 말은 내가 하고 싶은 말인데? 엄만 왜 또?"

"몰라서 물어? 요즘 나랑 맨날 이런데, 뭘. 그래도 딸이라고 엄마 걱정은 되나보구나?"

"그럼 걱정이 안 돼? 오빠랑 언니 때문에 두 양반이 맨날 쓰러지시는데?"

"하고 싶은 말이 뭐야?"

"대체 어쩔 작정이냐고?"

"넌 네 일이나 신경 써. 난 내 방식대로 할 테니까."

"오빠 방식이 뭔데? 자꾸 시간만 끌고 있잖아. 그러면서 무슨?"

"……."

잠시 멈칫하던 성수가 숨을 한 번 고른 후, 성연의 얼굴을 빤히 쳐다봤다.

"이번엔…… 단순히 회사를 이어받느냐 아니냐의 문제로 실랑이한 게 아니었어."

"그러면? 오빠…… 혹시?

"어 맞아, 주연이 얘기. 생각보다 나도 응어리진 게 많았더라고. 결국 엄마한테 하지 말았어야 할 얘기까지 다 해버렸어, 내가……"

"오빠 진짜……, 좀 참지 그랬어."

"그러게 말이다. 하지만 언젠가 한 번쯤은 해야 되지 않을까 싶었어. 그게 지금이 돼버린 게 잘한 건진 모르겠지만……."

그러자 잠자코 듣던 성연이 뜻밖의 이야기를 꺼냈다.

"사실 나도 한 번쯤은 엄마한테 하고 싶은 이야기가 있어. 언제쯤 하게 될지, 아니…… 할 수나 있을지 모르지만 말이야."

성수가 놀란 표정으로 성연을 바라보았다.

"무슨 얘긴데?"

"오빠 모를 거야. 오빠한테 가려져서 성민이랑 내가 얼마나 존재감 없이 살아왔는지를."

"그거야……."

"알아, 그땐 다 그렇게 자식들 키웠다는 거. 하지만."

"하지만 뭐?"

전혀 아무것도 짐작할 수 없다는 표정으로 성수가 바라보자 성연은 되물었다.

"오빠는 학창 시절 졸업식을 어떻게 기억해?"

"졸업식? 그야……. 부모님 오셔서 꽃다발 주시고, 전교생 대표로 상 받고, 엄마가 몇몇 선생님 초대해서 같이 식사도 했고……. 중 3, 고 3 모두 그랬던 것 같은데? 그게 왜?"

"역시, 오빤 그것만 기억하는구나."

"그럼 뭘 더 기억해야 하는데?"

"됐어."

"뭐야? 말 꺼내다 말고, 하려던 얘기 얼른 해봐."

"……."

성수의 재촉에 잠시 머뭇거리던 성연은 이내 옛 생각에 잠겼다. 뭐라 말도 꺼내기 전에 성연의 눈에는 그렁그렁 눈물이 맺히는 듯했다.

*

"엄마! 나 낼모레면 초등학교 졸업이야! 나도 이제 중학생이 된다고! 히히……, 졸업식에 당연히 올 거지?"

학교에 입학한 지가 엊그제 같은데 성연이 어느새 중학생이 되다니, 동숙은 놀라웠다. 마음으로야 잘 자라준 성연이 기특하고 맘껏 축하해주고 싶었지만 상황이 여의치 않았다.

"어머나, 이를 어쩌니? 그날 오빠 중학교 졸업이잖니."

"뭐야? 날짜가 똑같아? 그래서 엄만…… 오빠한테 가겠다고?"

"당연하지. 넌 초등학교지만, 오빤 중학교잖아. 엄마가 너 중학교 졸업할 땐 꼭 갈게. 대신 다녀와서 우리 식구 외식하자!"

성연은 서운했지만 어쩔 수 없다고 생각했다. 아니, 이런 결론은 어쩌면 당연하다고 받아들인 것이다. 그날 저녁 동숙은 식사 시간을 훌쩍 넘겨서 돌아왔다. 성수가 전교 우등생으로 졸업한 탓에 동숙이 교장 선생님과 선생님 몇 분을 모시고 식사 대접을 하고 왔기 때문이다. 배고픔을 참다 못해 어린 성민과 함께 라면이라도 끓여먹길 참 잘했다고, 그날 밤 성연은 스스로를 달래고 또 달랬다. 그 후 3년 뒤 성연이 중학교 졸업을 할 때도 마찬가지였다.

"엄마! 나도 이번에 우등상, 개근상 모두 다 받게 됐는데, 졸업식에 와서 사진 찍어줄 거지?"

성연은 은근히 기대하는 마음으로 물었다. 하지만 돌아온 건 동숙의 구겨진 표정이었다.

"뭐? 아이참……, 너희 학교는 왜 하필 오빠 졸업식이랑 같은 날 한다니?"

성연은 거실을 방방 뛰며 말했다.

"뭐야? 그래서 이번에도 또 오빠 졸업식만 간다고? 그럼 나는?"

동숙은 이번에는 아예 미안한 기색도 없는 듯했다. 오히려 귀찮은 듯 보이기까지 했다.

"애! 너도 생각을 해봐라. 너야 고등학교 졸업식이 한 번 더 남았지만, 오빤 이번이 학창 시절 마지막 졸업식이잖아. 그런데 어떻게 안 가보니? 안 그래? 엄마가 3년 뒤엔 꼭 갈게.

그러면 되지?

"⋯⋯."

입이 댓 발 나온 성연은 아무 말도 하지 않았다. 설마 했지만 '역시나'가 될 줄이야. 결국 성연은 중학교 졸업식 날 역시 부모 없는 고아처럼 혼자서 졸업을 축하했다. 친구들 모두 부모, 형제가 다 몰려와 꽃다발을 주고 가족사진을 찍는데 자신만 바다 위에 홀로 떠 있는 섬처럼 처량한 신세가 됐다는 사실에 얼마나 울었는지 모른다.

더 서글펐던 건, 그날 오후 집에 돌아와 침대 위에서 한참 울다 지쳐 잠들었는데 늦은 밤 성연이 깼을 때까지 아무도 돌아오지 않았다는 사실이다. 그러니 성연이 울었는지 어땠는지 누구도 알 턱이 없었다. 그게 더 아픈 상처로 남아 있는 성연은 가끔씩 마음이 힘든 날이면 그때의 기억 한 자락이 떠오르곤 했다.

친 구 의 조 언

이 회장이 점심 때 만난 친구는 공무원 출신으로 얼마 전까지 김치를 제조하고 판매하는 식품회사 사장을 했던 인물이다. 그런데 이 날 이 회장은 놀라운 소식을 듣게 됐다. 친구가 모든 일에서 손을 털고 자유롭게 살고 있다는 이야기를 들었기 때문이었다.

"이보게……. 그새 무슨 일이 있었던 거야? 회사를 매각했다니?"

이 회장이 놀란 눈으로 거듭해서 묻자, 친구는 그간의 상황을 전했다.

몇 년 전 이 회장의 친구는 노후를 위해 공장 건물 하나를 경매받았다. 그러고는 거기에서 나오는 세를 받으며 편히 살 계획이었다. 하지만 경매받은 건물에서 김치 공장을 운영하던 사람이 세를 내지 못하자 급기야 이 회장의 친구가 직접 그 공장을 떠안게 된 것이다. 혼자 힘으로는 공장을 꾸려가기 어려울 것 같아 한동안 처남에게 영업 상무를 맡겨 일정한 수준까지 매출을 끌어올릴 수 있었으나, 꾸준한 신제품 개발과 지속적인 성장을 담보하기에는 여러 가지로 역부족이었다는 얘기였다. 여기까지 듣던 이 회장은 궁금한 것들을 묻기 시작했다.

   "자네 처남이나 다른 가족들은 뭐라던가? 물론 자식들 경우는 일찌감치 다른 일 하는 줄은 내가 알고 있지만……. 누가 나서서 대신 이어받겠다고 안 하던가?"

친구는 당연히 예상했던 질문이리며 치근차근 대답해주었다.

   "안타깝게도 처남은 회사의 전체적인 경영을 하기에는 좀 부족한 부분이 보이고, 알다시피 우리 애는 해외에서 의사 일을 하고 있고, 그렇다고 친척들 중에서도 딱히 적임자가 없고 해서 말이야…….”

“허허……, 자네처럼 물려줄 후계자가 없다는 것도 문제로구만. 그래서 그다음은 어떻게 했나?”

“뭘 어떻게 하나? 처음에 말했던 것처럼 고민을 거듭하다가 회사 영속성을 고려해 M&A라는 방법을 선택했지. 사실 아내랑 여행도 다니면서 쉬고 싶은 마음이 제일 컸기에 우리는 그 상황에서 가장 적절한 이 방법을 선택했네. 속 편하게 털고 나니까 지금 무척 홀가분한 거 있지! 이런 기분, 자네가 알려나 몰라? 후훗!”

“자네 지금……, 나 약 올리는 건가?”

“그럴 리가. 걱정이 돼서 그렇지. 자네 못 본 사이에 얼마나 얼굴이 못쓰게 됐는지 알아? 그러니까 내 말은…… 너무 속 끓이지 말고, 나처럼 이런 방법도 있다는 거…… 한번 고려해보라고 일러주는 거야.”

이렇게 말해주는 친구의 표정은 진심으로 이 회장을 걱정하는 모습이었다. 실제로 모든 걸 다 털어내고 편히 살고 있다는 친구의 얼굴은 누가 봐도 무척이나 평온해 보였다. 그 모습을 보고 있노라니 이 회장도 은근히 부러운 생각이 들었다. '나도 이참에 팔아볼까?' 고민이 되기 시작했다.

친구와 헤어진 이 회장은 부랴부랴 장 상무를 다시 호출했다. 하지만 한달음에 달려와 자초지종을 들은 장 상무는 고개를 절레절레 흔들었다. 그러면서 이 회장이 노여워하지 않게 차분히 설명했다.

"친구분처럼 하는 것도 방법이 되겠지만, 우리로서는 좀 어려울 것 같습니다. 회사 사정이 안 좋을 때 매각하면 여러 가지 제약 상황이 발생하고 협상력도 많이 떨어집니다. 게다가 M&A라는 게 일정한 준비기간이 필요하고, 회사가 가지고 있는 자산과 눈에 보이지 않는 자산의 가치까지도 인정받으려면 성급한 진행은 무리가 있을 것 같다는 게 제 의견입니다."

"장 상무 말을 듣고 보니 그렇군! 내가 기력이 없으니까 판단력도 점점 흐려지는 것 같네."

"이 부분에 대해서는 일단 가족회의를 먼저 해보고 소통하는 게 좋을 것 같습니다. 다른 가족들의 머리를 모으면 더 좋은 의견이 나올 수도 있을 테니까요."

"고맙네. 근데 아마, 다들 장 상무와 같은 생각 아닐까 싶네. 허허."

이렇게 말하며 이 회장이 지그시 눈을 감자, 장 상무는 조용히 인사를 하고 방을 나왔다. 이 회장의 어깨가 유난히 더 내려앉아 보이는 오후였다.

툇마루 3:
가족기업의 M&A

M&A는 합병(Merger)과 인수(Acqusition)가 합성된 용어로 내적 성장의 한계를 극복하는 외적 성장의 방법으로 사용해왔다. 우리나라의 경우 1990년대 중반부터 관심을 갖게 되었으며, 특히 IMF 이후에는 기업의 구조조정수단으로 일반인에게도 널리 알려지게 되었다. 또한 2000년대 초 급격히 발전하던 벤처기업이 그 후 조정을 거치게 되면서 기업의 생존 · 성장 전략으로 자리매김을 하고 있다.

가족기업의 경우에도 가족과 기업의 생애주기에 따라 M&A나 구조조정이 빈번하게 일어나고 있으며, 그 필요성은 점점 확대되어가고 있다. 진행절차상 비밀리에 진행되는 경우가 많아 다양한 경우의 수가 발생하지만, 아직까지도 국내 정서상 M&A나 구조조정은 경영능력이 안 되는 기업의 매각과 처분이라는 부정적 이미지가 강하다고 할 수 있다. 하지만 가족기업의 특성상 지속적인 성장동력의 확

보나 새로운 시장 진입 등 여러 가지 이유에서 외적 성장의 동기가
될 요인이 필요하고 후계자 부재, 조세문제, 사업 운영이 역동성 상
실, 후진적 경영시스템, 선친 또는 가족과의 갈등 심화 등으로 M&A
가 불가피해졌다.

M&A는 그 목적과 의사동의 여부에 따라 우호적인가, 적대적인가
로 구분되거나 또는 수평적·수직적·복합적 M&A로 분류할 수 있
고, 형식에 따라 흡수 합병과 신설 합병 등의 합병, 자산 취득과 주
식 취득 등의 인수로 나눌 수 있으며, 결제수단에 따라 현금과 주식
교환 등으로 일반적인 분류를 할 수 있다.

아직까지 한국적 M&A는 미국이나 유럽 등과 달리 독특한 문화가
남아 있는데, 거기에는 매수자의 오만과 매도자의 애환이 바탕에 깔
려 있다. 특히 가족기업의 경우 오랫동안 경영해온 가족의 땀과 눈
물이 기업에 녹아 있어 일반적인 M&A 체계도와는 다르게 설명되는
변수가 존재하기도 한다.

1960~1970년대 경제발전에 따라 창업한 기업의 창업자 은퇴가
본격화되면서 다음 세대들이 상속·증여세 부담, 경기 위축, 세대
간 갈등 등의 이유로 기업을 승계하지 않으려는 경향이 생겨나고 있
으며, 주요 사업 부문이 급변하는 경영환경에 적절히 대처를 하지
못해 매출 및 이익이 현저히 감소하고 있는 기업이나 지속적 성장

동력을 준비하지 못하고 사업이 위축되고 있는 기업, 특히 현상 유지에 급급해 '무에서 유'를 창조했고 이제 '유에서 새로운 유'를 창조하지 못한 답답함에 자신감 상실과 역동성을 잃어버린 기업의 경우 자의 반 타의 반으로 M&A를 고려해야 하는 시점에까지 이르렀다.

실무적으로는 금융기법도 다양화되고, 오랜 전통과 안정화된 기업의 전략적 인수 및 개발, 바이아웃(buy-out), 합작 법인의 파트너 지분 인수 수요 충족을 고려하는 재무적 투자자(Financial Investor)도 인수 대열에 가세해 그 시장은 점점 확대될 것으로 예상된다.

M&A를 전략적으로 실행하기 위해서는 그 절차를 충분히 이해하고 있어야 하는데, 당사자끼리 직접 거래하는 경우와 IB(Investment Bank), 회계법인, 법무법인, 컨설팅사 등의 중개기관을 이용하는 경우가 있다. 여기서는 통상적으로 실시하고 있는 중개기관을 이용하는 경우를 살펴보기로 한다.

먼저 M&A를 통해 기업을 매수하고자 하는 측과 매도하려는 측에서 준비해야 할 사항은 적절한 외부 자문기관, 즉 중개기관의 고용이다. M&A는 그 절차와 진행에서 재무적으로나 법률적으로 많은 어려움이 있을 수 있어 중개기관을 활용하는 것이 필수적이다. 중개기관은 그간의 경험과 네트워킹을 통해 광범위한 영역에서 거래 대상 기업 물색, 자금조달 창구, 거래구조 구성 등을 할 수 있는 능력이 있다. 또한 거래 상대방에 대한 정부에의 접근성과 의견조율이 상대적으로 용이할 수 있고, 전문가의 투입을 통해 거래기간을 단축할 수 있으며, 효율적인 업무처리가 가능하다.

M&A의 진행절차와 흐름은 크게 사전 단계, 본 단계, 사후 단계로 구분된다. 물론 반드시 이러한 절차로 정형화되어 있거나 표준화되어 있지는 않으며, 경제 환경과 기업 환경에 따라 그 절차와 내용은 통합되거나 세분화될 수 있다. 각 단계별로 진행되는 주요 수행업무는 다음과 같다.

사전 단계에서는 M&A를 하려는 경영전략상의 목표를 구체화하는 과정이 필요하다. 희망 사업과 회사 규모, 가격이 논의되고 개괄자료를 준비해 양 당사자의 정확한 위치 파악, 해당 산업의 추세 및 전망, 재무적인 부담 능력과 이후 M&A를 통해 예상되는 시너지 효과들과 향후의 경영전략에 부합하는지 등을 파악하고 구체화하는 단계이다.

본 단계에서는 기본 합의서, 정밀 실사, 최종 협상, 계약 체결, 대금 지불을 진행한다. 당사자 간 M&A에 대해 수용 의사를 표시하면 통상적으로 요구 사항에 따라 비밀유지 계약서(Confidential Agreement),

M&A 절차

구분	중개 기관	매수자	매도자
사전 단계	• 정보 매칭	• 의뢰 • 매수 희망 사업 및 규모 • 매수 희망 가격	• 의뢰 • 개괄 자료 제공 • 가격 제시
본 단계	• 기본 합의서 (LOI, MOU)	• 비밀유지 약정	• 비밀유지 약정 • 세부 자료 제공
	• 기업 실사	• 대상 기업의 사업타당 성 평가	• 정밀/수정 • 실사 자료 제공
	• 최종 협상	• 자료 검증 • 가치 및 인수 여부 판단 • 법률/세무 문제 등 협의	• 법률/세무 문제 등 협의
	• 계약 체결	• 계약서 작성	• 계약서 작성
	• 대금 지불	• 자금 조달 및 인프라 획득	• 계약 종결 • 선행 조건 이행
사후 단계	• 사후 관리	• 매수 의무 확인 • 금융, 거래처 담보 명 의 변경 • 통합	• 매도 의무 확인 • 경업금지 • 우발 채무 • 지원

인수의향서(Letter of Intent), 양해각서(Memorandum of understanding)를 체결하고 시작한다. 다음으로 특정 기간을 정해 정밀 실사를 진행하는데, 대상 기업의 재무제표 및 대상 기업과 관련한 서류 등에 대해 엄밀한 정밀 실사를 시행한다. 정밀실사의 결과를 기초로 하여 대상 기업의 내용 및 예상되는 M&A 위험 요소들을 파악하고, 그에 적합한 M&A 거래구조를 구성한다. 최종 협상은 M&A의 당사 기업

들이 최종적인 인수가격, 대금지급 조건뿐만 아니라 인수에 따른 여러 가지 구체적인 조건 등에 관해 협상을 하게 된다. 협상을 통해 조건 등에 대한 합의가 이루어지면 계약을 체결하고 대금 지불이 이루어진다. 주주총회의 소집이나 명의 변경에 관련된 사항 같은 구체적인 실행요건들이 동시 또는 순차적으로 실행에 옮겨지게 된다.

사후 단계의 절차로는 사후 관리 및 통합 업무가 있다. 기본적인 절차가 완료되면 법률에 따라 후속 작업을 수행해야 하며, 내용적인 측면에서 애초에 설정한 M&A의 목적을 달성하기 위한 양사 간의 통합 작업을 수행하게 된다.

전체 과정에서 특별히 중점을 두어야 할 것은, 매수하려는 기업에서는 정밀 실사를 통해 현재의 상태를 살피는 부분도 중요하지만 이후 운영에 대한 계획을 준비하는 데 많은 노력이 필요하다는 것이다.

또한 매도하려는 기업에서는 매도의 목적을 충분히 달성하기 위해 먼저 매각 희망 시기를 결정하는 것이 중요하다. 어느 누구도 경영상 어려움을 겪고 있거나 자금난에 빠진 회사를 급하게 매수하려 들지 않는다. 매수 희망자는 정상적인 기업으로서 매수 후에 기업 가치를 높일 여지가 있는 기업을 매수하려 한다는 것이 상식임에도 불구하고 많은 매도자가 쉽게 망각하는 부분이기도 하다. 두 번째로 매도자가 준비해야 할 것은 재무제표에 대한 회계투명성이다. 협상 시 결렬되는 가장 큰 이유 중 하나가 부실자산의 차이 해석인데 매수자는 제약요소를 개선하여 깨끗한 회사로 만들고 싶은 요구가 강하기 때문이다. 마지막으로 매도자는 기업에 내재되어 있는 가치를 제대로 보상받을 수 있도록 회사의 유용한 역량, 기술적 우위 등 숨어 있는 가치를 발굴·제시해야 한다.

할 말을 하지 못했죠

장 상무와 다시 만나 경영수업을 하기로 한 성민은 얼마 전 성수의 지지를 받은 터라 한껏 기분이 격양돼 있었다. 약속 시간보다 먼저 도착한 성민은 장 상무의 방에 앉아 궁금한 것을 물어보기 위해 질문을 정리하고 있었다. 그러다가 막히는 내용이 있어 장 상무 책상의 컴퓨터로 자리를 옮겼다. 마침 휴대전화 전원이 부족해, 할 수 없이 주인 없는 방에서 잠시 컴퓨터를 빌려 쓰게 된 것이었다. 그때였다. 책상 결재서류철 속에서 종이 한 장이 삐죽 나와 있는 걸 보게 됐다.

'이게 뭐지?'

호기심이 급격히 상승한 성민은 누가 들어올까 싶어 재빨리 그 문구를 읽어내려 갔다. 그리고, 성민은 뜨악했다. 삼촌이자 전무이사로 있는 정환의 비자금 내역이었던 것이다. 그때였다. 밖에서 인기척이 들려왔다. 성민은 얼른 결재서류를 덮고 자리로 돌아왔다. 장 상무가 문을 열고 들어왔다.

"오, 성민 군! 일찍 왔군! 나는 회장님 만나고 오느라고……."

"아, 네……."

책상 앞으로 걸어가던 장 상무는 성민의 얼굴이 이상한지 대뜸 물었다.

"근데, 표정이 왜 그런가?"

"아…… 아닙니다."

자기 딴에는 표정관리를 한다고 했는데도 영 어색했던 모양이었다. 성민은 뭐라도 훔치다 들킨 사람처럼 가슴이 뛰었다. 자꾸만 상 상무 눈치를 봤다.

"왜? 무슨 할 말이라도?"

"할…… 말은요……. 아! 하나 있다, 있어. 아버지는…… 아니 회장님은 자리 비우신 사이 회사 상황을 보고 받으시고는 뭐라고 하세요? 집에서도 걱정 많이 하시는 눈치셨는데?"

"당연히 걱정되시지. 하지만 뭐! 다 잘될 거야."

"그게 무슨?"

"아니……, 이제 회장님도 다시 기력을 찾으셨으니 회사도 정상적으로 잘 돌아갈 거라는 얘기야. 그럼 이제 본론으로 들어가 볼까? 참! 오늘 나한테 물어볼게 많다면서?"

"아…… 네."

"그럼, 저리로 가서 같이 앉지."

장 상무는 회의 탁자로 성민을 안내했다. 성민은 이것저것 묻고 싶은 게 많았지만, 잠시 묻어두기로 했다. 아직 앞뒤 정황이 어떻게 흘러가는 것인지 사태 파악이 전혀 안 됐기 때문이다. 괜히 섣불리 나서서 뭔가 캐내려고 하다가 일을 더 그르칠지도 모른다고 판단하고, 오늘은 그냥 조용히 경영수업만 받는 것이 현명하다고 생각했다. 표정을 가다듬은 성민은 친구의 이야기를 예로 들며 장 상무의 조언을 듣고자 했다.

"그래, 친구 이야기부터 해보겠다고?"

"네. 업계 2세 모임에서 만난 친구인데요, 이 친구의 경우 …… 창업 자금 증여세 과세 특례를 활용해 15억을 미리 받았대요. 그 돈으로 중소기업을 창업한 지 3년 됐고요."

"창업이라면 어떤?"

장 상무의 질문이 끝나기도 전에 성민은 대답을 줄줄 이어갔다.

"요즘 배달 앱이 인기 짱인 거 아시죠? 일단, 배달 앱 아이템으로 초기에 안정된 개발 팀을 구성해 개발과 테스트를 거쳐

서비스를 시작했구요, 그다음에 아버지 회사에서 일정한 관리 시스템에 대해 자문과 지원을 받았고요! 심지어 성장에 필요한 자금을 원활히 하기 위해 코넥스 상장까지 준비하고 있다고 하던데요?"

"그 친구…… 트렌드를 잘 읽었군. 역량 있는 자녀를 이런 방향으로 지원하고 키우는 것도 부모의 역할이라고 봐!"

장 상무는 굉장히 고무적인 모습이라는 듯 어깨를 으쓱해 보였다. 그 모습을 바라보던 성민은 마저 궁금한 것을 물어봤다.

"그래서 말인데요, 저도 아직 새로운 건 잘 모르지만, 직접 금융을 활성화시키는 방법에 대해 궁금한 게 무척 많거든요! 그것들을 제대로 익히고 싶어요."

"제법인데? 아주 좋은 질문이야! 안 그래도 조만간 자네한테 그 부분에 대해 설명해주려던 참이었는데, 일찍 물어왔으니 하루라도 빨리 대답해줘야겠군!"

"역시, 장 상무님 최고! 감사합니다."

성민은 엄지손가락을 세워 보이며 장 상무에 대한 고마움을 표현했다.

"그렇다고 지금 자네 위치에서 맡은 일을 소홀히 하면 안 된다는 거 알지? 할 일은 제대로 하면서 자네 미래도 착실히 준비하자고!"

"네! 물론이지요!"

"그럼, 얘기가 길어질 것 같으니 잠시 쉬었다가 본격적으로 공부해볼까?"

"넵! 알겠습니다! 사부님!"

성민의 시원스럽고 호탕한 대답에 장 상무는 '껄껄' 하고 웃어 보였다.

*

성민은 이렇게 사람 좋고 능력 많은 장 상무가 가끔씩 이해가

안 됐다. 아버지인 이 회장 곁에서 수족 노릇도 다 해주고 있고 업무능력도 제일이라고 치켜세움을 받는 인물인데 그 이상의 욕심을 내지 않는 게 참 이상했다. 물론 재동전기가 가족기업이니 자신한테까지 순서가 오지 않을 것이라는 점을 일찌감치 파악한 탓도 있을 것이다. 하지만 다른 가족기업들의 경우 비가족 전문 경영인도 많이 들이는 요즘인데, 장 상무 스스로 제한을 둔다는 사실 자체가 어린 성민에게는 아직 납득이 되지 않았다. 그렇다고 장 상무까지 후보로 나선다면 후계자 자리다툼이 치열해질 테니 차라리 고마운 일임은 물론이고, 회사 내 비가족구성원을 멘토로 두어 균형감각을 익히고 있는 자신을 생각하면 그 뿌듯함이란 이루 말할 수 없다고 생각하는 성민이었다.

툇마루 4:
코넥스 상장

코넥스(KONEX, Korea New Exchange)는 창조경제의 생태계 기반 조성을 위한 중소기업 전용 증권 시장으로, 코스피나 코스닥보다 상대적으로 진입에 제약요소가 적어 초기 중소기업이 증권시장을 통한 자본조달이 용이할 수 있도록 2013년 7월 1일 새롭게 출발했다.

지금까지 IPO(Initial Public Offering)라고 하면 코스피나 코스닥 상장만을 의미해 상장요건이 충족되지 않은 중소기업이 주식 공개를 통해 자본을 조달하는 것이 매우 제한적이었지만, 코넥스 시장이 생김으로써 건실한 중소기업이 자본시장을 통해 자금을 조달하는 것이 가능해지는 등 여러 가지 효과를 기대할 수 있게 되었다.

국내 중소기업의 외부 자금 조달 비중을 살펴보면, 2011년 기준으로 은행자금이 83.3퍼센트인 데 반해 주식에 의한 경우는 1.1퍼센트에 지나지 않는다. 대부분 은행 대출에 편중되어 있고, 주식 발행을 통한 직접 금융 조달은 매우 낮은 수준을 보이고 있는 것이다. 따라서 부채비율이 높고, 이자비용 부담이 상장 기업에 비해 과중한 실정이며, 은행의 대출정책 변화 등에 따라 기업의 존립이 위협받을 가능성도 있다. 반면에 주식시장을 통해 자본을 조달하는 경우에는 상대적으로 조달비용이 저렴하고, 재무구조를 안정적으로 가져감으로써 장기적인 지속성장의 기틀을 조성할 수 있다.

전통적으로 보수적인 재무운용을 해온 가족기업에 코넥스 시장의 출현은 그 목적에 따라 다양하게 적용될 수 있다. 특히 성장을 위해 고군분투하고 있는 중·소 가족기업에는 일정 지분의 주식을 공개함으로써 자금조달이 가능하다는 점 이외에 상속이나 증여, 승계와 관련해 가능한 다양한 방법을 결합할 수 있다. 상속이나 증여의 경우, 상장하지 않은 법인의 경우에는 대부분 시가가 존재하지 않기 때문에 보충적인 평가방법에 따라 주식 가치를 평가하게 된다. 하지만 코넥스에 상장한 법인의 경우에는 시가가 형성됨으로써 매매사례가액, 매매신뢰가액이 발생되어 시가평가의 근거를 얻을 수 있다. 또한 자녀가 둘 이상 회사에 관여하고 있는 경우 창업자금 증여세 과세 특례의 활용도 눈여겨 볼 필요가 있다. 그리고 M&A를 통해 역량이 부족한 부분의 보완과 구조조정의 용이성도 연계할 수 있다.

그 외에도 주주 입장에서 보면 비상장 법인의 경우에는 주식 배당에서 배당가능이익의 2분의 1을 넘지 못하도록 제한되어 있으나, 상장 법인의 경우에는 배당 가능 이익의 총액에 상당하는 금액까지 주식 배당을 할 수 있다.

비상장 법인은 의결권 없는 주식을 발행 주식 총수의 25퍼센트까지만 발행할 수 있으나, 상장 법인이 외국에서 주식을 발행하거나 외국에서 발행한 해외전환사채, 해외신주인수권부사채, 기타 주식과 관련된 증권 또는 증서의 권리행사로 발행하는 의결권 없는 주식은 발행 한도의 계산에 산입하지 않는다. 따라서 코넥스에 상장하게 되면 의결권 없는 주식의 비중을 높일 수가 있어 자금조달이라는 목적을 달성하면서 안정적으로 경영권을 행사하는 데 무리가 없다.

비상장 주식의 경우 주식양도에 따른 양도소득세로 양도 차익의 20퍼센트(중소기업의 경우 10퍼센트, 중소기업 이외 법인의 주식을 소유한 대주주로서 1년 미만 보유 시 30퍼센트)를 세금으로 납부해야 한다. 하지만 상장 주식은 대주주 등을 제외하고 주식양도에 따른 양도소득세를 부과하지 않고 있기 때문에 상장을 위해 모집하거나 증권 시장을 통해 양도하는 경우에는 양도소득세가 면제된다.

그 무엇보다도 기업 공개를 통해 회사 내부의 제도가 준비되고 투명한 경영을 한다는 것이 기업의 경영체질을 개선시켜 지속적이고 역동적으로 성장할 수 있는 시스템을 갖춘다는 점에서 그 의미가 매우 크다.

이러한 점을 감안해 코넥스 시장을 이해하고 살펴보면, 그 유용성은 준비하고 적용하는 자의 몫이 될 것이다.

코넥스 시장의 특징

중소기업 특화 시장
- 「중소기업기본법」상 중소기업만 상장 가능 - 공모, 사모, 직상장 등 진입방법을 다양화하고 진입요건도 최소화 - 분·반기보고서를 면제하고 수시 공시사항을 축소하여 공시부담 완화
모험자본의 선순환(투자회수 및 재투자) 체계 지원
- 중소기업 투자전문성이 인정되는 벤처캐피털(창업투자조합 등 포함) 및 엔젤투자자의 시장 참여 허용
M&A 등 구조조정을 지원하는 시장
- 활발한 M&A의 지원 및 원활한 지분매각을 위해 합병요건(우회상장 포함)을 완화하고 대량매매·경매매제도 등을 도입

코넥스 시장은 몇 가지 특징이 있는데, 첫째, 「중소기업기본법」상의 중소기업만 상장할 수 있는, 중소기업에 특화된 증권 시장이다. 둘째, 전문 투자자 등으로 시장 참여자를 제한하지만 중소기업에 대한 투자 전문성이 인정되는 벤처캐피털 및 엔젤투자자의 시장 참여를 허용하고 있다. 셋째, M&A에 대한 활발한 지원과 원활한 지

코넥스 상장 기업 현황

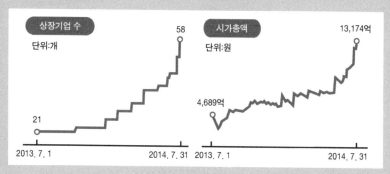

자료: 코넥스 시장 홈페이지, http://konex.krx.co.kr

분 매각을 위해 합병 요건을 완화하고, 대량 매매, 경매제도 등을 도입하고 있다.

코넥스 시장에 상장된 기업은 2014년 7월 말 현재 58개 업체, 시가 총액은 1조 3,174억 원으로, 2013년 7월 출범 당시 21개 업체로 출발한 이후 중소·벤처 기업의 전용 주식 시장으로 점차 확대되어가고 있다. 벤처·이노비즈 기업이 90퍼센트 이상이며 바이오, 소프트웨어 업종이 많고, 반도체 장비, 자동차 부품, 에너지 저장 장치 등 다양한 업종의 기업이 점차 늘어가고 있으며, 무엇보다도 공모, 사모의 방법을 이용해 기업실적이 양호한 기업을 중심으로 증자 등을 통해 자금조달에 성공하는 사례가 증가하고 있다. 증권 유관기관의 공동 펀드 투자 비중이 높지만 개인 투자자와 외국인 투자도

코넥스 시장의 상장 외형 요건

구분	내용	비고
재무 내용	① 매출액 10억 원 이상. ② 자기 자본 5억 원 이상. ③ 순이익 3억 원 이상.	택일
주권의 양도 제한	정관 등에 양도 제한의 내용이 없을 것. ※ 다만, 타(他) 법령에 의해 제한되는 경우로서 그 제한이 코넥스 시장에서의 매매거래를 저해하지 않는다고 인정되는 경우는 예외.	
감사 의견	최근 사업 연도 감사 의견이 적정할 것	
합병 등	합병 등(중요한 영업 양수도 포함)을 한 경우, 그 이후 결산이 확정되었을 것. ※ 다만 합병 등의 완료일 이후 사업 연도 잔여기간이 3개월) 미만일 경우 다음 연도 반기 재무제표에 대한 감사 보고서 제출.	
액면 가액	100원, 200원, 500원, 1,000원, 2,500원, 5,000원 중 하나일 것.	액면 주식에 한함

자료: 『코넥스 시장의 이해』(한국거래소, 2013).

증가하고 있으며, 코스닥 시장으로의 원활한 이전 상장지원도 꾸준히 진행되고 있다.

코넥스 시장에 상장하기 위해서는 일정 요건을 갖추어야 하는데, 외형 요건과 질적 요건으로 구분해볼 수 있다. 외형 요건으로는 기업이 해당 기업 실정에 맞는 요건을 선택할 수 있도록 기업의 재무요건을 최소화하고, 선택요건화(매출액, 자기 자본 및 당기 순이익 중 택

코넥스 시장의 상장 질적 요건

항목	점검 사항
경영진의 시장 건전성 저해 행위	- 최대 주주, 대표 이사 등 경영진의 횡령, 배임, 분식 회계 등 시장 건전성 저해행위 이력. - 최고 경영자의 법률 위반 사항 등의 기재 여부.
경영투명성	- 이사회 구성 및 운영 등 기업 지배 구조의 투명성에 관한 적절한 기재 여부. - 내부 통제 시스템에 관한 사항의 적절한 기재 여부.
회계 정보 투명성	회계 정보 투명성 확인을 위하여 실시한 절차에 관한 사항의 적절한 기재 여부
투자 위험	투자 위험(사업, 회사, 기타)에 관한 사항의 적절한 기재 여부
기타	기타 상장 부적합 사유 해당 여부

자료: 『코넥스 시장의 이해』(한국거래소, 2013).

일)하고 있다. 그 밖에 초기 중소·벤처 기업 실정에 부합하지 않는 요건은 폐지하거나 완화하고, 증권의 자유로운 유통과 재무정보의 신뢰성 확보를 위해 최소한의 요건만 적용하도록 하고 있다.

질적 요건으로는 지정 자문인이 제출한 상장적격성 보고서를 토대로 신규상장 신청 기업 경영진의 시장건전성 저해행위, 경영투명성, 회계정보 투명성, 투자위험 등을 종합적으로 검토해 공익과 투자자 보호에 부적합한 사유가 없는지에 대한 질적 심사를 수행해, 이러한 요건에 적합한 기업에 한해 상장하도록 한다.

상장을 하고자 하는 기업은 한국거래소의 상장예비심사 승인 후,

코넥스 시장과 유가증권시장/코스닥시장의 상장 절차 비교

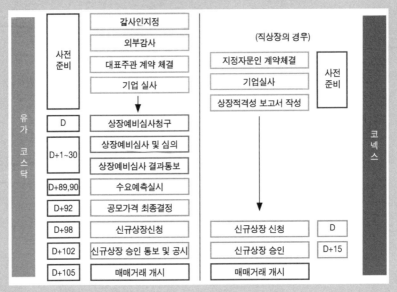

자료: 코넥스 시장 홈페이지, http://konex.krx.co.kr

신규로 발행된 주식을 일반 투자자를 대상으로 공모하는 절차를 이행해야 한다. 그러나 코넥스 시장에서는 일반 투자자를 대상으로 하는 공모, 50인 이하 자(전문 투자자를 비롯한 코넥스 시장 기본 예탁금 면제 대상자는 청약 권유 대상자 산정 시 제외)를 대상으로 하는 사모 또는 주식을 신규 발행하지 않고 상장하는 직상장 등 다양한 상장방법이 허용되어 있어, 기업이 자금조달 규모 및 필요성을 고려해 기업 실정에 적합한 상장방법을 선택할 수 있다. 직상장 하는 경우 절차를 살펴보면 그림과 같다.

직상장 절차에도 나와 있듯이 코넥스 상장에서는 상장 및 상장유지를 지원하는 후견인 역할을 수행하는 지정자문인제도가 마련되어 있다. 지정자문인의 역할은 기업 실사 및 상장 적격성 심사, 신규 상장 절차 등에 대한 조언·자문 및 신규 상장에 관련된 사무처리, 공시 및 신고 대리, 기업현황보고서 작성 및 게시 등의 역할을 수행하며, 지정자문인은 16개 사(2014년 7월 말 기준)로 국내의 대표적인 증권사들이 참여하고 있다.

참고로 2013년 7월 1일 코넥스 출범 당시 상장된 21개 사의 현황을 보면, 설립 연수에 있어 7년 이하 6개 사, 7년 이상 15개 사였으며, 이중에는 20년 이상 된 기업도 2개 사가 포함되어 있어 평균 설립 연수는 11.1년이었다. 외형 요건 중 재무 요건은 비교적 완화된 수준이지만, 평균매출액 286억 원, 자기자본 103억 원, 당기순이익 14억 원이라는 점을 볼 때 오히려 가족기업으로서 코넥스 상장을 준비하는 업체에 시사하는 바가 여러모로 크다고 할 수 있다.

외 면

동숙이 며칠째 앓아누워 있으니 성연이 움직이지 않을 수 없었
다. 마침 토요일이 돌아왔고, 바쁜 업무를 마친 호철과 함께 친
정으로 향했다. 현관에 들어서자 김 집사가 반갑게 맞아주었
다. 눈짓으로 동숙이 아직도 머리를 싸매고 누워 있다고 일러
주었다. 주방에서는 동숙에게 내올 상을 차리느라 달그락거리
는 소리가 흘러나왔다.

"아주머니! 저희도 왔어요. 수저 두 벌도 같이 내와주세요!"

성연은 주방 쪽에 기척을 하고는 동숙이 있는 안방으로 들어갔다. 성연이 들어오는 걸 알면서도 모로 누운 동숙은 전혀 돌아보지 않았다.

"엄마! 저희 왔어요. 이 사람이 엄마 준다고 꽃도 사왔는데."

"……."

"장모님! 좀 어떠세요?"

"……."

아무런 기척도 대꾸도 않는 동숙을 향해 성연은 지치고 화나는 마음을 억누르며 다시 한 번 말했다.

"엄마! 일어나 앉아보세요, 식사도 다 된 것 같은데."

성연의 말을 거들려는 요량으로 호철도 넌지시 동숙에게 말을 건넸다.

"장모님! 밖에 봄기운이 완연해요. 식사 후에 드라이브라도 ……."

그때 동숙이 이불을 걷어차며 벌떡 일어났다.

"왜들 시끄럽게 그래? 다들 꼴 보기 싫으니까 나가! 제발 나가라고!"

"아이, 깜짝이야! 엄마는 왜 소리를 지르고 그러세요?"

"다 싫으니까 나가라고. 내 말 안 들려?"

저 정도의 까칠함이면 눈앞에 없는 게 낫다고 생각한 성연은 호철을 끌고 그대로 방을 나와버렸다. 성수 때문에 단단히 속이 상한 모양이었다. 친정에 올 때마다 매번 겪는 일이지만, 그렇기에 그때마다 익숙해질 줄 알았지만, 오히려 상처는 더 깊어만 가는 듯하다고 성연은 생각했다.

거실로 나온 성연과 호철은 다들 나가고 없는 빈 집에서 식사를 하는 것이 왠지 불편하게 느껴져 그 길로 친정집을 나섰다.

이렇게 나온 김에 드라이브나 하자는 호철의 제안에 성연은 "좋은 생각이야!" 하며 호철의 엉덩이를 토닥토닥 해주었다. 그게 싫지 않은지 호철 역시 성연의 머리를 쓰다듬어주며 차에 올랐다. 이 둘은 이렇게 서로의 존재를 확인하고 애정을 확인하며 살아가는 부부였다.

일단, 쉿!

성민은 장 상무의 방에서 본 서류가 자꾸만 마음에 걸렸다. 그런 까닭에 주말인데도 불구하고 회사에 나와 밀린 일도 할 겸 어떤 방식으로 접근하는 게 좋을지 궁리하고 있었다. 그때 창밖에서 장 상무와 이 회장 차가 나란히 들어오는 광경이 보였다.

'두 분이 어딜 다녀오시는 거지?'

성민은 의아해하며 자리에 앉았다. 그러다가 다시 자리를 박차고 일어나 장 상무의 방으로 향했다. 다행히 장 상무 혼자 있었다. 갑작스러운 성민의 등장에 놀란 모양이었다.

"자네…… 어쩐 일인가? 오늘 토요일이잖나?"

"그러는 장 상무님은요?"

"아……, 나는 회장님 모시고 어디 좀 다녀오느라."

"어디요?"

성민의 취조하는 듯한 물음에 장 상무라고 고분고분 대답할 리
없었다.

"음……, 그건 자네가 알 거 없고."

장 상무는 뭔가 이상하다고 생각했다. 그러는 찰나 성민이 저
돌적으로 물어왔다.

"궁금한 게 있어요."

"자네 요즘 너무 열심인데? 그래…… 뭐가 궁금한가?"

"그런 게 아니고요."

"그런 게 아니면? 대체 뭐가 궁금한 건데?"

성민은 호기심을 못 참고 자신이 본 서류에 대해 솔직히 털어
놓았다. 흠칫 놀란 장 상무는 아직 그 누구에게도 발설하지 말
라며 단단히 주의를 시켰다. 알고 보니 정환이 이중장부를 만
들어 몇 해 전부터 회사의 공금 수억 원을 빼돌리고 있었고, 그
단위가 야금야금 늘어나고 있다는 설명이었다. 한편 동숙은 이
를 알면서도 묵인해줬다는 얘기였다. 심지어 최근에는 동숙을
등에 업고 정환이 '그림 로비', '그림 탈세'까지 하려는 움직임
이 포착됐다는 얘기까지 듣게 됐다.
장 상무의 설명을 다 들은 성민은 뭔가 한 대 꽝 얻어맞은 느낌
이었다. 이대로 있으면 안 될 것 같은 생각이 들었다. 성민은 그
길로 조용히 성수를 찾아나섰다.

성수는 마침 회사 근처 피트니스에서 운동하고 있었다. 성수에게로 가는 동안 성민은 머릿속이 하얗게 되는 느낌이었다. 한 번도 남이라고 생각한 적 없는 삼촌이 이런 식으로 뒤통수를 치다니, 어디서부터 뭘 어떻게 이해해야 하는 것인지 머릿속이 복잡해졌다.

성민이 피트니스 로비에 도착하자 막 샤워를 마쳤다며 잠시만 기다리라는 성수의 문자가 도착했다. 1층 로비에 있는 카페로 성수가 나오기까지 그 잠깐의 시간이 어찌나 길게 느껴졌는지, 성민은 찬물을 몇 잔이나 들이켰는지 모른다. 그때 머리를 툭툭 말리며 성수가 다가왔다. '대체 무슨 일이냐'고 묻는 성수에게 성민은 놀라지 말라고 몇 번이고 당부한 후, 자신이 본 것과 장 상무에게 들은 이야기들을 하나도 빼놓지 않고 차례로 다 전달했다.

성수의 얼굴도 점점 일그러져 가고 있었다.

분 노 의 이 유

요즘 한동안 친정 출입이 잦았던 미란은 떠날 준비를 하고 있었다. 잠시 시간을 두고 서로에 대해 생각을 다시 정리해보려는 뜻이었다. 여행가방에 옷가지들을 챙겨 넣으며 미란은 생각했다.

'내가 생각한 결혼은 이런 게 아니었는데……'

아무리 돈으로 맺어진 관계라지만 미란은 그 안에서 소소한 행복을 은근히 기대했었다. 하지만 자신의 기대는 처음부터 아예

산산조각이 나버렸다. 마음속에 다른 여자를 품은 채 단 한 번도 눈길을 주지 않는 남자와의 결혼생활은 미란의 마음속에 점점 더 독기를 품게 했다. 성수로 인해 결혼생활의 헛헛함이 밀려올 때마다 명품 가방, 명품 옷으로 채워봤지만, 모두 소용없었다. 밤이면 돌아누운 성수의 등에서는 찬바람이 횡하니 불어댔고, 언젠가부터는 그 모습마저 볼 수 없게 됐다. 각방을 쓰는 지경까지 이르렀기 때문이었다.

떠나는 누군가를 붙잡기 위해 너무 오래 매달리다 보면
내가 붙잡으려는 것이 누군가가 아니라, 대상이 아니라
과연 내가 붙잡을 수 있는가, 없는가의 게임으로 발전한다.
그리고 게임은 오기로 연장된다.
내가 버림받아서가 아니라 내가 잡을 수 없는 것들이
하나둘 늘어간다는 사실에 참을 수 없어 더 이를 악물고 붙잡는다.

사람들은 가질 수 없는 것에 분노한다.
당신이 그랬다.
……

미란은 언젠가 이병률 작가의 『끌림』이라는 책에서 본 구절을 떠올렸다.

처음부터 사랑 따위는 기대하지 않았지만, 자신의 존재 자체를 이토록 거부하는 남자 앞에서 미란은 분노하지 않을 수 없었다. 애써 가지려고 하지 않았지만, 그러면 그럴수록 점점 멀어져 손끝마저 닿지 않게 되어버린 이성수라는 남자.

'재동전기의 장남이자 후계자 이성수'로 인해 얻어질 수많은 타이틀을 기대했다가 서서히 절망을 경험하고 있는 미란은 하루하루 이를 악물고 오기로 덤비고 있었다. 그렇다. 그저 오기였을 뿐 더는 아무것도 아님을 뒤늦게 깨달은 것이었다. 미란은 이제 그 게임에서 물러서기 위해, 오기로 연장된 게임을 이쯤에서 그만두기 위해, 혼자만의 시간을 가져보겠노라 결심한 것이었다.

*

성수와 성민이 삼촌 정환의 문제로 심각한 이야기를 나누고 있을 때 미란으로부터 '딩동' 하고 문자 메시지가 도착했다.

'여행 좀 다녀오려고요.

당신이 어머님, 아버님께는 대신 잘 말씀드려주세요.

얼마나 걸릴지는 저도 가봐야 알 것 같아요.'

성수는 미란의 메시지를 한참 들여다보다가 아주 간단히 답장을 보냈다.

'그렇게 해.'

어쩌면 잠시 거리를 두고 지내는 이 방법이 지금의 성수와 미란에게는 최선인지 모른다. 아니 최선이 아니라면 차선은 될지도 모른다고 성수는 생각했다. 그러면서 한편으로는 '어쩌다 나 같은 놈한테 시집와서는……' 이렇게 생각하며 미란에게 측은한 마음을 품고도 있었다.

폭 풍 전 야

자리에서 털고 일어난 동숙은 겨우 입에 물만 축인 채 옷을 갈아입기 시작했다. 이렇게 누워 있어봤자 해결될 것은 하나도 없기 때문이었다.

주말인데도 불구하고 밀린 업무를 보기 위해 출근한 이 회장에게 동숙이 전화를 거니 평상시와 다르게 아주 퉁명스러운 목소리로 저녁 먹고 들어오겠다고 한다. 왠지 예감이 좋지 않았다. '혹시 일이 뭐 잘못됐나?' 하는 느낌에 석연찮은 동숙은 바로 정환에게 전화를 걸었다. 정환은 몇 번 만에야 전화를 받았다.

"여보세요."

"너 왜 이렇게 전화를 안 받아? 지금 어디야?"

"어디긴요, 집이지."

다급하게 묻는 동숙과 달리 정환은 의외로 태연했다.

"근데 왜, 내 전화 피해? 왜 안 받냐고?"

"지금 받았잖아요. 누나도 참……. 근데 왜요?"

"뭐! '왜에~'요? 그걸 몰라서 물어? 네가 모르면 누가 안다고?"

정말 모르는 건지, 모르는 척하는 건지 알 길이 없었다. 동숙이 막무가내로 다그치자 순간, 뒤늦게 눈치를 챈 정환이 놀라 물었다.

"누나! 혹시 매형이 다 알았어요? 그런 거예요?"

이제야 두뇌회전을 한 정환이 어지간히 답답했는지, 동숙은 혀를 끌끌 찼다.

"아이고 이놈아. …… 왜 너까지 보태? 왜 내 속을 썩이냐고!"

동숙이 수화기에 대고 쉽게 그치지 않을 신세 한탄을 하자 정환은 겨우겨우 동숙을 진정시킨 후 말을 이어갔다.

"누나, 매형이 어디까지 안 것 같아요? 누나한테 뭐라고 했냐구요?"

"이놈아, 그걸 꼭 뭐라고 말을 해야 알아? 30년 넘게 살았으면 감이 온다고! 분명…… 뭔가 다 알게 된 눈치였어. 내 느낌이 맞다니까…….'"

이 회장을 걱정하는 동숙과 달리 정환은 오히려 크게 별 일 아니라는 듯 혼잣말로 중얼거렸다.

'아이참. …… 뭐, 크게 하지도 않았는데, 노인네 그새 알아 가지고…….'

이 말을 들어버린 동숙은 노발대발 안 할 수 없었다.

"뭐가 어째? 지금 너 그걸 말이라고 해? 그리고 너! 나한테 왜 상의 안 했는데? 내가 언제 허락했다고 네 멋대로 돈 장난이야?"

그러자 정환은 되레 큰소리로 말했다.

"상의를 왜 안 해요? 지난번에 다 말했잖아요. 누나가 별 대답 없기에 암묵적 동의라고 생각했죠, 뭐. 설마…… 내가 이럴 줄 몰랐던 거예요? 누나도 참……."

"내가 못 살아, 진짜. 이제 네 매형 얼굴 어떻게 보라고? 적당히 해먹든가. …… 아이고……."

"에잇,…… 설마 누나한테 뭐라고 하겠어요? 그리고 나도 이 정도는 챙길 자격 있죠, 뭘! 나중에 성수나 뭐…… 다른 애들이 매형 자리 차지하면, 나한테 국물이나 쳐주겠어요? 그전에 내가 스스로……."

"시끄러워! 전화 끊어!"

동숙은 이 회장의 얼굴을 어떻게 봐야 하나 전전긍긍하며 이 회장이 들어오기를 기다리고 있었다. 그날 밤 자정이 넘어서야 집에 돌아온 이 회장은 방에 들어오자마자 아무 말 없이 천천히 옷을 갈아입었다. 동숙은 무슨 말이 없으려나 눈치를 보고 있었지만, 폭풍전야의 고요함인지 이 회장은 옷을 갈아입자마자 그대로 자리에 누웠다. 동숙은 차마 그 옆에 누워 편히 잠들 용기가 생기지를 않아 카디건을 걸친 채 거실로 나왔다. 그때 성수도 막 현관문을 열고 들어왔다. 동숙은 성수를 따라 2층 방으로 올라갔다.

"어머니, 이 시간에 왜요?"

"'왜'는? 엄마가 아들 방에도 못 가니?"

"그게 아니라요……."

"그럼 잔말 말고, 얼른 올라가."

이렇게 말하는 동숙의 표정이 어두워 보였다. 성수는 사태를 직감했다. 성수 방에 들어와 침대에 걸터앉은 동숙은 미란의 안부를 물었다.

"미란이는 여태 친정이라니? 언제 온대?"

"그 사람……. 여행 갔어요. 제가 그러라고 했어요. 돌아오면 잘해주세요. 저 때문에 맘고생 많이 한 사람인데……."

"네가 웬일이니? 미란이 걱정을 다하고?"

"……."

성수는 겸연쩍은 듯 욕실로 들어가 얼른 옷을 갈아입고 나왔다. 성수의 방을 서성거리던 동숙은 어디서부터 어떻게 말을 꺼내야 좋을지 몰랐다.

"뭐, 하실 말씀이라도 있으세요?"

"아…… 아니."

동숙은 답답한 마음에 하소연이라도 할까 하다가 이내 관두기로 했다.

"요즘 회사 분위기는 어떤 것 같니? 아버지도 계속 아프시고, 나도 자리 비운 날도 많은데……. 네가 고생이 많다."

"삼촌도 계시고 장 상무님도 계신데요, 뭘! 워낙 두 분이 알아서 잘하시잖아요."

"그…… 그렇지?"

동숙은 괜히 뜨끔해져서 성수의 얼굴을 바로 보지 못하고 방 안을 휘 둘러보다가 결국 그냥 나와버렸다.

안 부

밤사이 제법 내린 봄비에 벚꽃이 후두두 떨어졌다. 다른 해에 비해 일찍 피기도 했지만 만개하기도 전에 이렇게 져버리다니, 새삼 모든 만물의 피고 짐에 대해 생각해보지 않을 수 없었다. 동숙은 어제 성연이 들렀을 때 가져다놓은 책 한 권에 눈길이 멈췄다. 손에 쥐고 스르륵 넘기다가 어떤 한 페이지에 시선을 오래도록 가둔 채 같은 구절을 몇 번이고 반복해서 읽고, 또 읽어 내려갔다.

그래요, 근래 '잘 늙는다'는 것에 대해 고민합니다.

달이 '지는' 것, 꽃이 '지는' 것에 대해서도 생각합니다.

왜 아름다운 것들은 이기는 편이 아니라 지는 편일까요?

잘 늙는다는 것은 잘 지는 것이겠지요.

……

윤진화, 「안부」 중

동숙은 마치 작가가 자기에게 하는 말 같아 속으로 흠칫 놀랐다. 자기 딴에는 자식을 위해서 남편을 위해서 그리고 오로지 재동전기만을 위해서 달려왔는데, 모두 내 맘 같지 않게 돌아가는 요즘의 꼴을 보아 하니 잘못 산 것 같다는 생각이 밀려왔다. 그렇다고 시인의 말처럼 아름답기 위해 지금 일어나는 이런 싸움에 일부러 져줄 수는 없는 노릇이었다. 아직 갈 길이 멀고 이겨야 하는 것이 많기 때문이다.

*

동숙의 걱정과는 달리 여느 날과 마찬가지로 별다른 기색을 보이지 않고 출근한 이 회장은 자리에 앉자마자 장 상무를 찾았다. 이제는 어떤 식으로든 자신도 결단을 내려야 한다고 생각했기 때문이다. 끊임없이 막내 성민을 후계자로 내세우는 게 옳다고 제안하는 장 상무의 말에도 어느 정도 귀를 열고 마음을 연 듯했다. 하지만 여전히 성수에 대한 미련을 떨쳐버릴 수 없었다. 장 상무가 노크 후 문을 열고 깍듯하게 인사를 하며 들어오자, 이 회장은 소파를 향해 손짓을 했다. 이내 둘이 마주하고 앉았다.

"장 상무 자네가…… 성수랑 이야기해보는 건 어떻겠나?"

"글쎄요. 전에도 몇 번 자리가 마련돼 말씀을 드려봤지만, 본부장님 생각은 확고한 듯 보였습니다. 그보다는……."

"또, 성민이 이야긴가?"

"죄송합니다."

"죄송은 뭘. 근데 성민이 그 아이가 재목은 되는 것 같나?"

"물론입니다. 당장에는 어렵겠지만, 몇 년 후면 충분하다고 봅니다. 그리고 요즘 경영 수업도 착실히 받고 있으니……. 아! 요즘은 공부도 많이 하는 것 같습니다. 이것저것 질문하는 것 보니까 혼자서 연구도 많이 하는 것 같더라구요. 결코 회장님을 실망시켜 드리지 않을 거라 확신합니다."

"아주 신임이 대단하군. 그에 반해 성수는 영 아니라는 얘기지?"

"솔직한 얘기를 듣고 싶어 하시니 말씀드리겠습니다. 물론 경영지원 본부장으로서는 잘하고 있지만, 딱 거기까지인 것 같습니다. 본인이 더 욕심을 내지 않는 탓도 있는 것 같고, …… 게다가 요즘 움직임이 그분을 찾는 것도 같습니다. 다른 일도 생각하시는 것 같고요."

"그분이라니?"

이 회장이 귀를 쫑긋하며 물었다.

"그게……, 오래전 그분……."

"며늘애랑 결혼하기 전에 만났다던 그 아이 말인가? 허허 ……."

"네. 그렇다고 다시 뭘 어찌해보려고 그러는 것 같진 않고요. 아무튼 제가 좀 더 자세히 알아보겠습니다."

"음……, 그리고 다른 일이란 뭔가?"

"왜…… 전부터 생각하고 계시던 '대안학교 설립'에 대해 구체적으로 준비하고 있는 것 같습니다. 요즘 들어 뜻이 있는 분들과 모임도 잦은 걸 보니……."

"음……."

장 상무의 보고를 들은 이 회장은 눈을 지그시 감고 생각에 빠졌다. 심기를 건드리고 싶지 않아 잠시 망설이던 장 상무는 조심스레 입을 뗐다.

"저기, 회장님. 박 전무이사님 건은 어떻게?"

정환의 일을 어떻게 처리할까 묻는 것이었디.

"일단 지켜보자고. 집사람한테도 내색하지 말고."

"네. 알겠습니다."

장 상무는 고뇌하는 이 회장을 두고 뒷걸음질로 조용히 그 방을 나왔다.

꿈 의 공 간

성수는 주연과 만났을 때 서로 약속한 것이 하나 있었다. 이다음에 그럴 만한 능력이 되면 '중·고등 대안학교'를 만들어 많은 청소년들에게 도움이 되는 어른다운 어른이 되자고 말이다. 당시 막연하게 꿈꾸던 것이었는데 시간이 지날수록 성수의 마음 한편에는 이상하게도 거룩한 부담감이 생겼고, 언젠가부터 이를 실천하기 위해 차근차근 준비에 나섰던 것이다. 물론 함께 꿈꿔왔던 주연이 지금은 곁에 없지만 그녀를 찾을 수만 있다면, 다시 만날 수만 있다면, 그녀 역시 성수의 뜻에 동참하리라 확신하고 있었다.

그 시절 인사 한마디 없이 떠나보내야 했던 그녀를 찾아 사죄하는 것이 이제라도 성수가 할 수 있는 배려이자 그녀에 대한 마지막 예의라고 생각한 것이다.

*

사전에서 '대안학교'의 정의를 찾아보면 공교육제도의 문제점을 극복하고자 만들어진 학교로서 교육부는 "정상적으로 학교생활을 하기 어려운 학생, 학업을 중단한 학생, 개인 특성에 맞는 교육을 받기 원하는 학생 등에게 체험학습, 적성교육, 진로지도 등 다양한 교육내용을 제공하기 위해 설립된 학교"라고 말하고 있다. 하지만 성수는 이와는 조금 다른 '기독교 대안학교'를 생각하고 있었다. 성경적인 가치관 아래 히브리어, 헬라어, 라틴어 등의 언어를 가르쳐 신학자의 길을 준비시키고, 이 나라 기독교의 방향을 제대로 제시할 수 있는 다음 세대 교육, 7개 산성(정치, 경제, 사회, 문화, 교육, 예술, 스포츠)의 영역에서 정직한 지도자의 역할을 담당할 다음 세대를 교육하는, 그런 대안학교를 만들고 싶었던 것이다.

3년 전 지인의 도움으로 다시금 불타오르기 시작한 신앙생활이 그 도화선이 됐지만, 정직, 선한 목자라는 단어는 마치 오래

전부터 예비하고 계획한 신의 뜻이라는 생각을 갖게 했던 것이다. 그렇게 성수는 이 회장의 뜻과는 점점 더 멀어지고 있었다.

*

한편 성민에게서 외삼촌 정환의 이야기를 전해 들은 성수는 그날 이후부터 은근히 이 회장이 마음에 걸리기 시작했다. 지금까지야 부모님 두 분이 알아서 잘해오셨고 장 상무처럼 곁에서 세세하게 보필해주는 분도 있으니 자신은 자신의 위치에서 맡은 바 역할만 충실히 하면 된다고 생각했다. 그런데 성민의 말대로 아버지가 피땀 흘려 일궈놓은 회사를 외삼촌이 야금야금 갉아먹는다고 생각하니 견딜 수가 없었다. 물론 어느 정도 외삼촌의 공도 인정하기에 나눠먹을 파이에 대해 수긍할 수 있었지만, 그것이 욕심으로 이어져 더 많은 것을 탐내는 걸 본 후로는 뒷짐 지고 나 몰라라 할 수 없었던 것이다.

여기에 엄마인 동숙까지 힘을 실어줬다고 생각하니 더더욱 속이 탔다. 그런 생각을 하고 있을 때 이 회장이 성수 방으로 찾아왔다.

"이봐 본부장! 아니지, 우리 집 장남 이성수!"

이 회장의 뜻밖의 방문에 성수는 적잖이 놀랐다.

"네, 회장님!"

이 회장은 손사래를 치며 말했다.

"지금은 그냥 아버지라고 불러."

"네. 아버지."

"요즘…… 준비하는 거 있다고?"

"그게…….

성수가 우물쭈물하자 이 회장은 웃으며 손을 내저었다.

"아니다 아냐, 그 일로 뭐라고 하는 거. 좋은 일이니까 잘 추진해봐. 다만, 나도 이젠 몸이 이 모양이라 회사 운영이 더는 어려울 것 같은데…… 이 아비가 이렇게 부탁해도 안 되겠니? 정말로 뜻이 없는 게냐?"

"죄송합니다. 아버지."

"허허……."

이 회장은 아들의 단호함에 할 말을 잃었다. 예상 못 한 바는 아니었지만, 그래도 조금의 여지를 주지 않는 아들이 야속하게 느껴졌다.

'나나 네 엄마나…… 너 하나만 바라보고 산 세월이 얼만데……. 하긴 내가 그때 너를 돈 욕심에 그렇게 결혼시키지만 않았어도 네가 우리한테 이럴까. 다 내 탓이지 뭐……. 못난 이 아비를 용서해다오.'

이 회장은 넋두리 하듯 혼잣말을 하면서 자리에서 일어섰다. 하지만 몇 걸음 못 가 다리에 힘이 풀리면서 한쪽으로 픽 하니 휘청했다. 그 모습을 본 성수는 마음이 불편해졌다. 얼른 다가가 부축하는 성수에게 이 회장은 괜찮다며 손사래를 쳤다. 얼핏 보니 방문을 나서는 이 회장의 눈가가 촉촉이 젖어 있었다. 성수는 그날 오후 마음이 쓰여 아무것도 하지 못했다. 지금까지 단 한 번도 본 적 없는 아버지의 눈물이었기 때문이다.

되돌리다

여행을 다녀온 미란은 친정을 찾았다. 미란의 부모는 애지중지 곱게 키운 딸이 사장 와이프 타이틀을 달기도 전에 이혼녀 딱지를 달게 생겼으니, 속이 말이 아니었다. 이제나 올까 저제나 올까 기다리던 차에 미란이 여행을 마치고 돌아오자, 내외가 버선발로 달려 나와 미란을 맞이했다.

"얘! 왜 인제 와? 얼마나 기다렸는데?"

"오래 걸릴 거라고 했잖아요. 근데 뭘 기다리세요?"

"우리 집 귀하신 딸이 신나서 여행 간 것도 아닌데, 그럼 안 기다리니? 걱정을 안 해? 지금은 좀 어때? 기분이 나아졌어? 이 서방한테는 전화했니, 여기 왔다고?"

"당신도 거참……, 한 가지씩 물어봐."

"답답하고 궁금하니까 그렇죠."

미란도 두 양반의 마음을 충분히 이해하고 있었다. 하지만 극도의 피로감이 몰려왔다. 마냥 쉬고만 싶었다.

"엄마, 저 일단 옷부터 갈아입고 내려올게요."

"그…… 그럴래? 그럼 식사 준비할 테니까 천천히 내려와."

"네."

미란이 2층에 있는 자기 방으로 올라가자 미란의 엄마는 남편을 붙들고 혀를 끌끌 찼다.

"여보! 미란이 쟤…… 진짜로 이혼하겠다고 나서면 어쩌죠? 실마…… 안 그러겠죠? 아이, 속상해. 시간을 두고 지켜보면 이 서방도 마음 돌릴 것 같은데…….."

"당신은 그 집안에 아직도 미련이 남았어?"

"그 집안이 뭐예요? 아직은 우리 사돈인데!"

"당신도 그러는 거 아니오."

"제가 뭘요?"

"암만 생각해도 우리가 벌 받는 것 같소. 우리 욕심에 하나밖에 없는 딸을 맘에도 없는 사람한테 시집보냈으니, 원……."

"맘에도 없긴요? 이 서방도 쟤 싫어하진 않아요."

그 말에 미란의 아버지가 버럭 화를 냈다.

"이 사람이! 싫어하지 않는 걸로 돼? 그걸로 되냐고? 죽고 못

살 정도로 사랑해서 하는 결혼도 죄다 깨지는 판국에! 에잇
……."

미란의 엄마도 지지 않고 말했다.

"그럼 이제 와서 어쩌라구요? 그때 당신은 뭐…… 안 거들었
어요? 잘나가는 중견 기업이랑 사돈 맺기 원했던 건 오히려
당신이었잖아요!"

"그래서, 지금 후회한다잖소!"

미란의 아버지가 목청을 높여 얘기하자 잠시 둘 사이에 침묵이
흘렀다. 눈치를 살피다가 다시 말을 이어간 것은 미란의 엄마
였다.

"그러니 어쩌면 좋아요. 우리 욕심 챙기자고 미란이를 계속
그 집에 살게 할 수도 없고……, 그렇다고 졸지에 이혼녀 만
들 수도 없고……."

"요즘 이혼이 뭐 대수야?"

"그래도요. 그러지 말고 당신이 이 서방 만나보면 어때요? 그래도 장인어른 얘긴데, 듣는 척은 하지 않겠어요?"

"듣는 척만 하는 놈한테 무슨 얘기를 더 해?"

"그래도 혹시 알아요, 그새 마음이 변했……."

"그새 마음이 변할 놈이었으면, 애초에 이 사단을 만들었겠어!"

미란 엄마가 채 말을 끝내기도 전에 다시 버럭 하며 미란의 아버지가 말했다.

"앗, 깜짝이야. 왜 소리는 지르고 그래요? 사람 말 끝나지도 않았는데."

"더 들어서 뭐해? 맨날 같은 얘기. 그만하고 밥이나 줘!"

"으이그, 그놈의 밥! 밥! 이럴 때도 꼭 밥 타령이지!"

미란 때문에 미란의 부모까지 하루도 속 편할 날이 없었다. 마음 같아서는 당장에라도 재동전기에 쏟아부은 투자금을 회수하고 싶은 생각이었다. 하지만 여러모로 쉽게 그럴 수 있는 노릇은 아니었기에 미란 부모의 답답함은 더해가고 있었다.

중대 발표

이 회장의 몸 상태는 하루가 다르게 급격히 나빠져만 가고 있었다. 간간이 회사에 나가 업무를 살펴보는 일도 이제 더는 하지 못할 지경에 이르렀다. 그런 중에 이 회장의 생일이 돌아왔고, 식구들 모두 이 회장 집에 모여 식사하는 자리가 마련됐다.

드디어 식사 당일! 생일을 기념해 이 회장이 뭔가 중대 발표를 할 것이라는 계산이 있어서 그런지 약속 시간보다 다들 일찍 도착했다. 평소에는 잘 볼 수 없었던 모습이었다. 도착한 순서대로 거실 소파에 앉아 담소를 나누었다. 물론 처음에는 이 회장의 건강을 염려하는 이야기가 전부였다. 한편 미란은 주방에서 음식 장만을 돕고 있었다. 그때 성연이 주방으로 들어갔다.

"언니! 저 왔어요."

"아 네,…… 아가씨 왔어요?

미란이 시큰둥하게 대답하자 성연은 입을 삐쭉거렸다.

"언니! 오빠가 밉다고 저까지 덩달아 미운 거예요? 무슨 인사가 그래요?"

미란은 별로 길게 말하고 싶은 생각이 없는데, 자꾸만 성연이 옆에서 성가시게 구는 게 못마땅했다.

"제가 언제는 안 그랬어요? 새삼스럽게, 뭘."

"하긴……, 그러네요."

듣고 보니 미란의 말이 옳다는 듯 성연은 싱겁게 웃으며 식탁 위에 차려놓은 음식을 휙 둘러봤다. 그러더니 다시 미란을 향해 한마디 툭 던졌다.

"그나저나 여행은 즐거웠어요?"

이 질문이라고 곱게 반응할 미란이 아니었다.

"즐겁자고 간 여행이 아니라는 거 아가씨도 알면서 그래요?"

"아니, 뭐, 전 그냥……."

순간 무안해진 성연은 음식 장만을 하고 있는 아주머니를 향해 딴청을 부리듯 말했다.

"아! 배고파……. 아주머니 얼마나 더 기다려야 돼요? 멀었어요?"

"네, 다 돼가요. 이것들만 접시에 담으면 돼요."

"제가 할게요. 접시랑 이리 주세요!"

성연이 주방에서 나가지도 않고 눈앞에서 거슬리게 굴자, 미란은 앞치마를 풀어 주방 한편에 올려놓으며 말했다.

"그럼 저는 나가볼 테니 아가씨가 마무리하세요. 준비 다 되면 식구들 부르시구요!"

"언니! 가…… 같이해요. 여태 준비 다 해놓고 가긴 어딜 가요?"

성연이 만류하듯 미란을 붙잡았다. 하지만 미란은 꼿꼿했다.

"식사 준비하는 것까지는 제 임무이기에 한 것뿐예요. 먹는 것까지 강요할 순 없는 거잖아요! 안 그래요?"

예의 차가운 모습으로 미란이 주방을 나가자, 성연은 중얼중얼 혼잣말을 했다.

'이게 아닌데……, 이러려고 그런 게 아닌데. 아이참…….'

성연이 혼자 우두커니 서서 자신의 머리를 쥐어박았다. 그러고는 주방을 빠져나간 미란의 뒷모습을 향해 고해성사라도 하듯 읊조렸다.

　'언니, 미안해요. 언니 마음 모르는 것도 아닌데, 진짜 미안해
　요.'

그때 동숙이 들어왔고, 성연은 얼른 표정을 추스르고는 아주머니가 건네준 접시에 음식을 나눠 담기 시작했다.

*

한 상 거하게 차려진 식탁 앞에 식구들이 하나둘 모여들기 시작했다. 차례로 자리에 앉자 이 회장은 식구들 얼굴을 한 명씩 둘러봤다. 뭔가 중대한 이야기를 꺼내려는 것이 느껴지는 분위기였다. 그런 이 회장의 얼굴을 식구들 모두 숨죽여 바라봤다. 그때 이 회장이 수저를 들어 미역국을 한술 떴다. 그러고는 손짓으로 '어서들 먹어라'라는 신호를 보냈다. 다들 더듬더듬 식탁 위의 수저를 찾아 식사를 하기 시작했다. 다소 엄숙한 분위기가 이어졌다. 그 분위기를 깰 겸 동숙이 먼저 말을 꺼냈다.

"회장님! 이것도 좀 드셔보세요. 지난달에 하도 맛있게 드셔서 봄동 겉절이 좀 더 해본 거예요."

"놔둬요. 내가 알아서 먹게."

이 회장이 퉁명스럽게 대꾸했다. 그러자 동숙이 무안할까 봐 호철이 나섰다.

"장모님! 이거 정말 맛있는데요? 이 사람한테도 비법 좀 알려주세요."

하지만 호철의 걱정이나 호의 따위는 필요 없다는 듯 동숙이 까칠하게 말했다.

"비법은 무슨……."

호철의 배려도 몰라주고 여지없이 차갑게 반응하는 동숙을 향해 가만히 있을 성연이 아니었다. 성연은 호철이 무시당하는 것이 세상에서 제일 싫었다. 그것도 이 집안에서, 가족이라는 이름으로 모인 자리라서 더더욱 그랬다.

"엄마! 그럴 때는 그냥 부드럽게 말해주면 안 돼요?"

"내가 뭘 어쨌다고?"

성연은 수저를 탁 내려놓고 동숙을 향해 서러움이 북받친 듯 또박또박 할 말을 늘어놓기 시작했다.

"'김 서방! 맛있나? 갈 때 좀 싸주련?' 이렇게 말한다거나 '에 이, 비법은 무슨? 아줌마가 하고 난 거들기만 했는걸…….' 이렇게 부드럽게 말해주면 안 돼요? 그게 그렇게 어려운 거 냐구요?"

"쟤가 쟤가……. 아버지 앞에서 큰 소리는……. 너 왜 그래? 응?"

동숙이 호통을 치자 호철이 얼른 나서서 성연을 나무라기 시작했다.

"당신 왜 그래. 오늘 장인어른 생신이야! 이 좋은 날 왜 그러 냐고?"

성연은 그만둘 기색이 전혀 없어 보였다.

"호철 씨! 당신은 자존심도 없어요? 매번 엄마가 우릴 무시
하잖아요. 당신을 무시하는 게 난 너무 싫다고요!"

성연은 식구들이 놀란 토끼눈으로 자기를 쳐다보는데도 아랑
곳하지 않고 모노드라마의 주인공처럼 할 말을 이어나갔다.

"그저 오빠만 오냐오냐…… 뭐든 밀어주려고 하고……, 나
나 성민이한테 해준 게 뭐가 있어요? 하긴 엄마, 아빠는 그런
생각 해본 적도 없으시죠? 우리가 자랄 때 오빠한테 가려져
서 얼마나 외롭고 초라했는지를요?"

성연의 이 같은 발언에 일순간에 식탁 분위기가 싸해졌다. 가
만히 보고만 있던 성수가 급기야 나무라듯 다그쳤다.

"성연아, 갑자기 왜 그래? 그런 이야기는 나중에 하라고!"

이때다 싶었는지 성민도 나서서 뭐라 한마디 하려는데, 그때
가만히 사태를 지켜보던 이 회장이 식탁을 손바닥으로 두어 번

꽝꽝 내려치며 말했다.

"다들 조용히 못 해? 지금도 이런데 나 죽으면 얼마나 더 하려고?"

이 회장의 호통에 놀란 동숙이 그 곁으로 다가갔다. 그리곤 기침을 쏟아내는 이 회장의 등을 쓸어내리고 어깨를 주무르며 말했다.

"당신은 무슨 말을 그렇게 해요? 흉한 소리 하지도 마세요."

동숙의 부축을 받던 이 회장은 한숨을 크게 내쉬며 말했다.

"다들 짐작하겠지만, 내 원래…… 이 회사는 우리 집 장남 성수에게 물려주고 싶었어. 그런데 저 녀석이 저렇게 내 맘을 몰라주니……."

그때였다. 이 회장의 언행을 살피던 성수가 순간 말을 끊으며 비장한 듯한 각오로 식구들을 향해 선언 아닌 선언을 했다.

"아버지! 제가 이 회사 이어가겠습니다. 제가 물려받겠다고
요."

아무도 예상하지 못한 발언이었다. 제일 놀란 사람은 이 회장
이었다. 너무도 뜻밖의 말에 이 회장은 식탁에서 일어나려고
했으나, 힘에 부쳐 다시 의자에 주저앉고 말았다. 하지만 표정
은 기쁨으로 가득 차 있었다. 이 회장 곁에서 그 누구보다 신이
나 박수를 치던 동숙의 얼굴에도 이전에는 볼 수 없던 세상 최
고로 밝은 미소가 환하게 드러나고 있었다.

"성수야! 잘 생각했어. 역시 내 아들이라니까……."

동숙은 기뻐 춤이라도 출 것 같은 모습으로 성수 곁으로 다가
왔다. 하지만 그 기쁨도 잠시, 성수는 자신의 제안에 단서가 있
다고 말했다.

"어머니, 아버지! 아시다시피 저는 아버지가 힘들게 고생하
며 키워온 이 회사를 잘 이끌어갈 자신이 없어요. 솔직히 말
씀드리면 제가 원하는 일도 아니고요. 욕심낼 만큼 재미난 일
은 더더욱 아니고요. 물론 지금까지야 어찌어찌해왔지만요."

성수는 식구들의 얼굴을 한 차례 둘러본 후, 말을 계속 이어나 갔다.

"다만 아버지가 병환으로 고생하시는 지금 상황에서는 제가 맡는 게 맞는 것 같아요. 일단 한시적으로 회사를 맡아볼 테 니 염려놓으시고요, 대신 어느 정도 시기가 지나 다른 형제 가 맡아도 되겠다고 판단이 들면, 그때 자리를 내놓겠습니 다. 제가 드리고 싶은 단서는 이겁니다."

성수의 의지는 결연해 보였다. 그 모습은 가히 아무도 말릴 수 없을 정도였다. 이 회장은 별다른 말없이 동숙의 부축을 받아 거실로 자리를 옮겼다. 다른 식구들도 모두 거실로 따라 나와 한 자리씩 차지하고 앉았다. 또 어떤 이야기들이 이어질까 다 소 긴장된 표정으로 서로를 주시하고 있었다. 그때 이 회장이 힘겹게 말을 꺼냈다.

"단서가 붙긴 했지만, 전혀 꿈쩍 안 할 것 같던 네가 그렇게 까지 생각했다니 고맙구나."

"죄송합니다, 아버지."

"아니다 아냐. 그 정도로 마음 고쳐먹은 것만 해도 어디냐? 흠……."

사실 성수가 이렇게 결심한 데는 아버지의 눈물이 결정적이었다. 단 한 번도 약한 모습을 보인 적 없던 아버지가 마치 마지막 부탁이라는 듯 자신 앞에서 애원하듯 말하던 그날, 성수의 돌같은 마음이 움직였던 셈이다. 물론 지금까지 몸에 맞지 않는 옷을 입고 지내느라 불편하기 짝이 없었지만, 성수는 그 시간을 좀 더 연장한다고 해서 크게 달라질 건 없을 거라고 판단한 것이다.

*

이 회장은 뭔가 더 이야기를 꺼내려고 하다가 핑 하고 어지럼증이 밀려오자 동숙을 향해 침실로 데려다달라고 부탁했다. 중대 발표를 기대했던 식구들은 저마다 조금은 실망한 모습으로 이 회장이 침실로 들어가는 뒷모습을 바라볼 뿐이었다. 하기야 오늘은 성수가 생각을 달리했다는 것만으로도 이 집안의 큰 뉴스거리이자 영영 풀리지 않을 것 같은 매듭 하나가 풀렸다고 생각하는 듯했다.

이 회장이나 동숙 못지않게 놀란 사람은 미란이었다. 하지만 호들갑을 떨며 기뻐하지는 않았다. 다만 무엇이 성수의 마음을 바꾸게 했는지 궁금하기는 했다. 2층으로 올라온 미란이 성수를 붙잡고 물었다.

"당신, 무슨 생각이에요? 죽어도 회사 경영은 안 할 것처럼 굴더니?"

성수가 엷은 미소를 띠며 대답했다.

"그래서 당분간이라고 단서를 붙였잖아."

"당분간이라도 해야겠다고 마음먹은 이유는 뭔데요?"

약간은 까칠하게 미란이 묻자, 성수는 대답 대신 도리어 미란에게 물었다.

"그래서 당신은, 여행에서 어떤 결론을 내리고 왔지? 우리 그 이야기부터 해야 하지 않을까?"

화제를 바꾸는 성수를 흘깃 노려보던 미란은 이내 체념한 듯 성수의 질문에 대답하기 시작했다.

"그게……, 궁금하긴 해요?"

"궁금하고말고. 혹시…… 나 이혼당하는 건가?"

성수는 자신이 이렇게 말해놓고도 뭔가 쑥스러운 듯, '후후' 하고 웃어보였다. 그러자 미란이 한 대답은 더 걸작이었다.

"네."

성수가 황당한 표정으로 바라보자 미란은 오히려 재미있다는 듯 '깔깔' 웃어 보였다. 전에 없던 환한 표정이었다.

떠 나 요 , 제 주 도 로

4월이 시작된 지 이제 보름 남짓 됐을 뿐인데, 한낮의 서울 기온은 23도까지 올라가는 날이 허다했다. 그야말로 초여름을 방불케 하는 날씨였다. 아침과 저녁에는 아직 쌀쌀함이 남아 있어 카디건이나 얇은 웃옷 정도는 걸쳐줘야 했지만, 한낮에는 벌써 반팔 티셔츠 차림의 사람들이 군데군데 보일 정도로 변덕스러운 날씨의 나날들이었다.

성수는 제주도로 가기 위해 김포공항으로 향하는 택시에 올라 탔다. 설립 계획 중인 대안학교의 부지가 확보돼 현장을 둘러

보기 위해서였다. 가는 동안 점검해야 할 서류들이 있기에 직접 운전을 하지 않고 택시를 이용하기로 한 것이다. 택시에 올라 탄 성수는 십여 분을 아무것도 하지 않았다. 가만히 앉아 앞좌석의 목받이를 물끄러미 바라보며 멍하니 앉아 있었다. 이렇게 아무것도 하지 않고, 아무 소리도 내지 않고 있는 것이 얼마만인가 싶었다. 하지만 이것도 잠시, 성수는 가방에서 서류 몇 장을 꺼내 차분히 읽어내려 갔다. 룸미러로 힐끔힐끔 성수를 쳐다보던 택시 기사는 어딘지 지쳐 보이는 성수에게 "꽃들이 참 예쁘죠?" 하며 말을 건넸다. 그 바람에 성수는 손에 쥐고 있던 서류에서 시선을 떼고 창밖을 내다봤다. 노란 수를 놓은 듯한 개나리와 울긋불긋한 진달래가 '완연한 봄이에요'라고 애교 부리듯 탐스럽게 피어 있는 모습이 눈에 들어왔다. 택시가 조금 더 달리자, 이번에는 라일락이 은은한 향기와 함께 펼쳐졌다.

4월 하순에나 볼 수 있던 라일락이 때 이른 꽃망울 터뜨리며 이렇게 눈앞에 펼쳐지다니, 성수는 그저 놀라웠다. 꽃이 피고 지는 일, 겨울이 가고 봄이 오는 일저럼 보는 일에는 때가 있다고 하는데, 저렇게 계절이 한 템포나 빠르게 와도 되는 건지, 이러면 반칙 아닌지 싶었다.

하기야 너무 늦게 와서 조바심 나게 하고, 기다리게 하고, 그러다 지쳐 돌아서게 하는 것보다는 낫다고 생각한 성수였다. 그도 그럴 것이 며칠 전 미란이 한 말이 떠올랐기 때문이다. 그 순간을 다시 떠올려보며 성수는 쓴웃음을 지었다.

*

"당신, 여행에서 생각한 결론이 뭐야? 나랑 이혼하는 거? 아니지 아니지…… 말은 바로 하랬다고, 그래, 나…… 이성수! 당신한테 이혼당하는 거, 그거야?"

성수가 농담 반, 진담 반의 뉘앙스로 조심스레 물었다. 그러자 미란은 의외로 차분하게 대답했다.

"내가 당신을 봐주는 거예요."

그 말에 성수는 침대 옆에 자리한 티 테이블 위로 손을 옮겨, 그 위에 있던 컵에 담긴 물을 단번에 다 들이켰다. 그 모습을 빤히 바라보던 미란이 놀리듯 물었다.

"당신 혹시 놀란 거예요? 아니면 감동받은 거?"

"놀라긴……, 나는 그냥…….."

성수는 티 테이블 의자를 빼내어 앉으며 미란에게도 같이 앉자고 손짓을 했다. 옷장에 기대어 팔짱을 낀 채 성수를 바라보던 미란도 이내 앞자리에 마주 앉았다. 성수는 이미 다 마셔버린 컵을 손에 쥐고는 만지작거리고 있었다.

"뭐라고 말 좀 해봐요. 내가 당신 놔준다는데, 고맙다거나 뭐 그런 말 정도는 해야 하는 거 아니에요?"

미란이 잠시의 정적을 깨고 먼저 말을 걸었다. 성수는 손에 쥐고 있던 컵을 내려놓고는 의자 뒤로 양손을 뻗어 깍지를 끼었다. 그러고는 미란을 보며 슬며시 웃어보였다. 적잖은 미안함이 묻어 있는 그런 웃음이었다.

"그동안 나 때문에 맘 고생한 거 알아. 그렇다고 이제 와서 그걸 다 갚겠다는 것도 아니고, 용서해달라는 건 더더욱 아니고."

"대체 무슨 말을 하려고 서두가 그렇게 비장해요?"

미란이 어색한 분위기를 못 견디고 말했다. 하지만 들었는지 못 들었는지 아랑곳하지 않고 성수는 자신의 이야기를 이어나 갔다.

"사실, 그날 아버지 눈물을 보고 난 뒤 결심한 게 있어. 그동 안 난…… 당신들 욕심 때문에 내가 다쳤다고, 내 마음이 아 프고 내 인생이 엉망이 됐다고 생각했는데……."

"그랬는데요?"

"나 역시, 내 욕심으로 인해 누군가를 아프게 하고 있다는 생 각이 들었어. 그래서 이제라도 그러지 말자는 생각이 들었던 거고."

"혹시…… 그 누군가가?"

미란이 '설마' 하는 표정으로 성수를 바라보며 물었다. 그러자 성수가 깍지 낀 손을 풀어 테이블 앞으로 몸을 당기며 미란의 손을 꼭 잡았다.

"맞아, 당신이야. 내가 당신을 참 많이도 아프게 했어. 내가 그랬다고."

성수가 마치 회심한 사람마냥 미란을 바라보며 말했다. 그때 미란이 자리에서 일어서며 차분히 말을 이어나갔다.

"지금의 당신 마음, 어떤 건지 짐작해요. 그런데 너무 늦었어요."

미란이 성수의 표정을 보니 예상했다는 반응이다. 하지만 그 뒤에 감춰진 서운함까지는 미처 숨기지 못한 듯 보였다.

"당신이 좀 더 빨리 왔더라면 좋았을 걸 싶어요. 내 마음이 완전히 돌아서기 전에 당신이 조금만 더 빨리 와줬더라면 좋았을 텐데……. 당신, 너무 늦게 왔어요. 나 이제 당신 보내주려고요. 당신 놔줄 테니 회사든 다른 일이든, 또…… 나 아닌 다른 사람이든 뭐든……, 당신 원하는 대로 마음껏 해봐요. 날개를 달고 다시 날아봐요. 진심이에요."

"……."

사랑과 결혼, 심지어 재테크도 타이밍이라고 하더니, 이렇게 보기 좋게 어긋나 버린 타이밍 앞에서 성수는 뭐라 말해야 좋을지 몰랐다. 하지만 그녀를 잡지 않기로 했다. 그것이 너무 늦게 온 자가 받아야 할 벌이라면 벌이라고 생각했다. 그것이 진짜로 상대방을 위한 일이라고 생각했다. 그렇게 성수는 미란을 놔주기로 결심했다. 아니 더 정확히 말하자면 미란이 성수를 놔주겠다는 깊은 뜻을 받아들이기로 한 것이다.

안 녕! 은 조

제주도에 도착한 성수는 공사 현장을 둘러보며 작업을 지시하고 점검했다. 무엇보다 청소년들이 지내야 할 공간이기에 주변 건물과의 조화도 고려하지 않을 수 없었고, 자연 속에서 친환경적으로 지낼 수 있도록 산책로를 조성하는 일 등의 점검도 빼놓지 않았다.

성수보다 이틀 먼저 내려와서 현장을 둘러보던 장 상무와 다시 만난 것은 늦은 오후 무렵이었다. 차 한 잔 마시며 서로 업무사항을 주고받고 의견을 조율하기로 한 자리였는데, 약속 장소에 나가보니 장 상무 옆에 한 아이도 동석을 했다. 중학생으로 보이는 듯한 여자아이였다. 성수가 먼저 아는 체를 했다.

"네가 은조니?"

"……."

예상했던 반응이라는 듯 장 상무가 은조의 어깨를 툭 쳤다.

"녀석도 참. 어른이 물어보면 대답을 해야지? 얼른 인사드려."

성수는 미리 들은 얘기도 있겠다, 오히려 은조가 무안하지 않게 배려하듯 말했다.

"놔두세요. 처음 봐서 어색해서 그런 걸 텐데요, 뭐. 그래도 내 소개는 할게! 난 은조 아버지, 장 상무님이랑 같이 일하는 삼촌이야! 이성수라고 해! 반갑다, 은조야!"

성수가 먼저 친절하게 자기소개를 하며 인사를 건네자, 긴 생머리를 양옆으로 쓸어 넘기며 은조가 기어들어가는 목소리로 겨우 대꾸했다.

"장은조."

성수에게 반말로 대답하는 은조를 향해 장 상무가 나무라려는 찰나, 성수가 고개를 절레절레 흔들더니 눈짓으로 그러지 말라고 말렸다. 분위기를 대충 파악했는지 은조가 다시 목소리를 들려줬다. 용기를 낸 듯한 목소리였다.

"아빠한테 이야기 들었어요. 좋은 공간 만들어주세요."

숫기 없어 보이던 은조가 그래도 뭐라 한마디 하자, 장 상무는 기뻐 어쩔 줄 모르는 표정이었다. 곁에서 지켜보던 성수도 기쁜 마음에 다시 인사를 건넸다.

"나도 은조 아버님한테 이야기 많이 들었어! 우리 앞으로 잘
  지내보자!"

은조가 씩 하고 웃자 덩달아 기분이 좋아진 성수는 은조 앞에 놓인 주스 잔에 자신의 커피 잔을 '통!' 하고 튕기며 건배를 외

첬다. 세 사람은 서로의 만남을 축하했다. 꿈의 공간으로의 입성을 앞둔 이들답게 세 사람의 얼굴에는 웃음꽃이 피어나고 있었다.

풀리는 수수께끼

서울로 올라온 장 상무는 성민과 다시 만나 경영수업을 이어나
갔다. 이제 재동전기의 사장은 이성수, 성민의 큰형이 맡게 되
었다. 하지만 성수가 단서를 붙인 것처럼 한시적이라는 조건이
있었기에, 성민은 언제 찾아올지 모르는 기회를 두고 매일매일
긴장한 채 회사 일에 매진하고 있었다. 그런 성민에게 장 상무
는 멘토 역할을 끝까지 충실히 해주기로 결심했다. 그런 까닭
에 오늘은 업무상의 이야기보다 인생 선배로서의 이야기를 들
려줄 참이었다. 성민과 마주앉은 장 상무는 조심스레 자신의
경험부터 꺼내놓기 시작했다.

"혹시 들어서 아는지 모르겠네만……, 성민 군!"

"무슨 이야기요?"

성민은 천진난만하게 대답했다. 하지만 그의 얼굴에서는 장 상무의 이야기라면 토씨 하나 빼놓지 않고 다 흡수하겠다는 의지가 엿보였다.

"내 막내딸 은조라고 있어. 세상 그 누구도 건들지 못한다는 중 2. 장은조. 하하."

"은조? 이름 예쁘네요. 그런데 은조가 왜요?"

"어릴 때…… 은조 엄마 등쌀에 못 이겨 은조를 조기유학 보냈어. 하지만 그곳에서 친구를 잘못 사귀면서 엉망이 돼버렸지. 한국에 돌아와서도 마찬가지. 적응을 잘 못하자 왕따를 당하는 건 시간문제였어. 결국 자퇴를 하게 됐고, 지금은 집에서 홈스쿨링을 하고 있어. 내가 이성수 본부장, 아니 이제는 사장님이라고 불러야겠지? 이 사장님이 제주도에 중·고등 대안학교를 짓는다고 하셨을 때 내심 반가웠던 것도, 오래전 나의 꿈이기도 했기 때문이었어. 그 꿈은 내 딸 은조 때문에 꾸게 된 거고⋯⋯. 부모인 우리의 욕심과 우리의 잣대로 은조를 망친 것 같은 생각에 하루도 마음 편할 날이 없었어. 그래서 이제는 속죄하는 마음으로 다 정리하고 제주도에 내려가서 딸아이와 지내려는 거야. 우리 은조가 가장 잘 할 수 있는 것을 발견하고, 발견되는 과정을 거쳐 원하는 것을 하나씩 실행해나가는 모습⋯⋯. 나 혼자가 아닌 나와 비슷한 또래의 독특하면서도 독창적인 친구들과 함께 지내면서, 그들이 원하는 꿈의 공간을 제공해주고 싶은 마음인 거지.”

사뭇 진지하게, 더러는 비장함까지 느껴질 정도로 숙연하게 이야기하는 장 상무의 말을, 성민은 차마 끊을 수 없어 잠자코 듣고 있었다. 그제야 성민은 그동안 갖고 있었던 궁금증이 풀렸다. ‘저렇게 능력 있는 분이 왜 우리 회사를 넘보지 않을까? 아버지 자리가 전혀 탐나지 않는 걸까? 아버지 오른팔인데?’라는 의구심이 비로소 해소된 것이었다.

가만히 고개를 끄덕이며 듣고 있던 성민이 장 상무에게 넌지시 물었다.

“그런데 형하고는 언제부터 생각을 같이하신 거예요? 말하자면 한배를 타신 거잖아요? 대체 언제부터요?"

"조금 오래됐어. 사실 이 사장님의 계획은 결혼하기 전부터
였던 걸로 알고 있어. 물론 그때는 막연한 계획이었지만. 그
러다가 우연한 기회에 나도 같은 뜻을 품고 있다는 걸 이 사
장님이 알게 되셨고…… 뭐, 그러다가 내가 곁에서 그림을
좀 그려드렸지. 이 사장님이 그 그림에 덧칠을 하면서 구체
화가 된 거고. 이 정도면 궁금증이 풀리셨나?"

"그래서 아버지가 형을 후계자로 키우려는 걸 알면서도 오히
려 지지하기보다는 말리셨던 거군요. 대신 저를 밀어주시면
서?"

장 상무가 약간 당황한 듯, 그러나 이내 웃음을 되찾고는 성민
에게 말했다.

"오해는 말라고! 단지 그게 전부는 아니니까. 사실 이 사장님
은 본인이 말씀하셨다시피 이쪽 일을 원하시지도 않고, 또
이렇게 얘기하면 어떨지 모르겠는데, 능력 면에서도 타의 추
종을 불허할 만큼 탁월하신 분은 아니야. 감히 전문가로서

말씀드리자면! 그런데 성민 군은 달라. 확실히 다르다고! 처음부터 싹이 보였다고나 할까? 난…… 그 가능성을 보고 이 회장님께 말씀드린 것뿐이니까, 오해 말라고."

"그러니까 저를 재목으로 보셨다는 거로군요. 그런 거죠? 하하"

"옳거니. 이제야 바로 알아듣는군! 바로 그거야, 그거!"

성민과 장 상무는 사무실이 떠나가라 호탕하게 웃었다. 대화 분위기가 얼추 무르익자 장 상무는 직급을 떼고 인생 선배로서 해주고 싶은 말이 있다며 자세를 고쳐 앉았다. 이미 장 상무를 직장 상사이자 인생 선배 아니 스승으로 모시고 있었던 성민인지라, 어떤 이야기를 들려주시려나 내심 기대하고 있었다.

*

장 상무는 자신이 은조를 키우면서 느낀 경첨담을 시작으로 이야기를 들려주었다. 한마디로 장 상무가 한 그날 이야기의 포인트는 이러했다.

진정한 기다림이란 기다리는 대상이 올 때까지 기다려야 하는 것인데 우리는 때때로 앞서 나가거나 혹은 뒷걸음질 치면서 초조해하고 재촉하고 두려워하고 지루해한다는 것이다. 상대방의 속도와 나의 속도를 조절하지 못한 '죄'로, 서로 간에 상처를 만들고 오해를 쌓으며 살아간다는 이야기였다.

그것이 재동전기와 같은 '가족기업'이라는 울타리 안에서 벌어진다면 더더욱 문제라는 말도 덧붙였다. 가족이 망가지면 기업이 망가진다는 단순하면서도 명확한 진리, 바로 이 진리 안에 해답이 있다는 말도 놓치지 않았다. 즉, 재동전기가 다시 한 번 도약하기 위해서는 이제라도 가족구성원 간에 쌓인 오해를 풀고 상처를 봉합해, 그 어느 때보다 견고해지고 단단해진 모습으로 세상 밖으로 나와야 한다는 것이다.

급변하는 시대에 건강하게 살아남는 가족기업이 되기 위해서는 더는 자신의 인생 시계에 머물러서는 안 된다고 했다. 무조건 나이와 직급, 권위를 내세우는 것은 디지털 시대에 결코 어울리지 않는다는 충고도 잊지 않았다.

또한 다음 세대에서는 '무에서 유'를 창조한 선대의 도전 정신과 '유에서 새로운 유'를 창조하는 진정한 수성 정신을 이어나가는 것이 기업을 장수케 하는 원동력이 될 것이라고 강조했다.

성민은 깊이 와닿는 이야기도 있다고 느낀 반면, 삼십대 초반의 젊은 청년이 다 이해하기에는 아직은 다소 어려운 부분도 있다는 듯 야릇한 표정을 지었다. 그 표정마저 이해한 장 상무는 성민의 어깨를 툭툭 치며 다시 한 번 강조했다.

"고로 지금의 성민 군이 해야 할 일은 자기 자리 지키는 일이라는 얘기야! 지금은 성장하고 배워야 할 때라는 이야기지. 묵묵히 기다리는 것도 지금 단계에선 필요한 일이란 걸 명심했으면 좋겠어!"

"무조건 빨리, 앞서가는 게 능사는 아니라는 말씀이신 거죠?"

"빙고!"

엉 킨 실 타 래 가 풀 리 다

꼬리가 길면 잡힌다고, 그즈음 정환은 여러 경로로 딴 주머니를 차는 등 온갖 비리를 일삼다가 동숙이 어떻게 손써볼 새도 없이 이 회장에 의해 단번에 내쳐졌다. 지금까지 해먹은 걸로 그간의 노고에 대한 보상을 대신할 테니 이제 더는 회사 일에 관여하지 말고 당장 손 떼라는 것이 이 회장 나름의 처벌인 셈이었다. 물론 그 사이 이 회장은 정환이 벌여놓은 일을 수습하느라 아픈 몸을 이끌고 검찰조사까지 받고 온 상황이었다.

그러니 정환은 물론이고 동숙에 대한 믿음까지 무너진 것은 당연했다. 애써 지켜온, 마치 분신과도 같은 이 회사를 어떻게 성수에게 넘겨줘야 할지 막막함이 몰려오면서 급기야 회의감마저 들기 시작했다.

말년이 아름다워야 제대로 산 거라고 하는데, 이 회장은 갈수록 잡음이 끊이질 않는 자신의 삶을 보면서 어떻게 돌파구를 찾아야 하는지 고민에 빠졌다. 이런 이 회장을 숨죽여 지켜보던 동숙은 동생 정환의 욕심을 말리지 못하고 오히려 묵인하고 방관한 대가로, 이 회장에게서 먼저 말을 걸기 전에는 한마디도 하지 말라는 엄벌을 받은 터였다. 그러던 어느 날 눈치만 보며 하루를 십 년처럼 보내고 있던 동숙에게 성수가 뜻밖의 제안을 해왔다.

*

"여기에 네가 그렇게 꿈꿔왔던 대안학교가 들어선다고?"

"네, 어머니."

동숙은 성수의 설명을 들으며 제주도 서귀포시에 들어설 대안학교 현장을 둘러봤다. 지금은 드넓게 보이는 이 터에 교실이

들어서고 실내 체육관과 야외 운동장을 비롯해 어학실, 산업교류실, 각 연구실이 세워질 것이라고 자세히 설명하는 성수는 무척이나 행복해 보였다.

"좋구나, 좋아 보여."

"그렇죠? 하나님이 만드신 아름다운 자연 속에서 선물로 주신 이 아이들을 믿음으로 제대로 양육하고 싶어요."

너무 기쁜 나머지 약간은 호들갑스럽게 말하는 성수를 향해 동숙은 번지수가 틀렸다는 표정으로 말했다.

"녀석도……, 누가 그 얘기니? 네 얼굴 좋아 보인다고!"

"아…… 네……, 저요? 좋죠. 그럼……, 하하하하"

성수의 얼굴에서 서울에서 함께 지낼 때는, 더욱이 회사 일을 맡겼을 때는 좀처럼 볼 수 없었던 어린아이와 같은 천진무구함, 반짝이는 눈동자, 생동감 넘치는 기운을 엿봤다. 그제야 동숙은 미안한 생각이 들었다.

'저렇게 좋아하는 걸 여태 못 하게 했으니, 어쩌면 좋을꼬.'

마치 아들과 산책하듯 학교 부지를 둘러보고 돌아온 동숙은 덩달아 기분이 좋아졌다. 오랜만에 맛보는 상쾌함이랄까? 게다가 동숙을 위해 성수가 손수 차려주는 저녁까지 먹게 됐으니, 이보다 더 좋을 수는 없다고 생각했다. 그때 성수가 동숙에게 조심스레 의견을 물어왔다.

"어머니! 나중에 여기 다 완공되고 본격적으로 학교 운영 준비하려면 저도 서울을 떠나 제주도로 내려와서 살아야 할 거예요."

"그렇겠지. 근데?"

"그래도 제가 장남인데, 부모님을 모시는 게……."

"아이고, 아들! 역시 늙은 부모 생각하는 건 장남뿐이라니까."

동숙은 흐뭇한 미소를 지어보였다.

"아버지 건강도 그렇고, 여기 내려와서 지내시는 건 어떠세요? 공기도 좋고, 무엇보다 제가 가까이에 있으니까 들여다보기도 좋고요. 회사는 성민이도 있고, 성연이랑 김 서방이 잘 할 거예요. 물론 저도 양쪽 다 자리 잡기까지는 왔다 갔다 할 거니까 걱정 안 하셔도 되구요."

성수의 제안에 동숙은 나쁘지 않은 생각이라는 듯 고개를 끄덕였다. 그러더니 대뜸 미란과의 관계를 궁금해 했다.

"미란이 성격 아시잖아요. 겉으로는 세게 보여도 속은 여린 거요. 그동안 같이 산 의리를 생각해서 당장 이혼서류에 도장 찍지는 않겠대요! 제가 회사에서 완전히 손 뗄 때, 그때 …… 같이 찍을 거라나요? 후훗."

"잠깐이라도 사모님 소리는 듣고 싶나 보구나!"

동숙이 샐쭉한 표정을 지어보였다.

"에, 뭘 또 그렇게 말씀하세요? 사실 저도 뭐, 당장 이혼남 되는 것보다는 좋은데요?"

성수의 말에 동숙은 어이가 없다는 듯 웃어보였다. 그런 동숙에게 성수는 표정을 고친 후 다시 점잖게 말했다.

"나중에 미란이 보거든 나무라지 마세요. 사실 우리 이혼이요……. 정확히 말하면 미란이가 저 놔주는 거예요. 저, 기꺼이 보내주는 거라구요."

동숙은 아무 말도 하지 않았다. 그저 깊은 한숨을 내쉴 뿐이었다. 마치 고해성사를 하듯 성수의 이야기는 계속 이어졌다.

"제가 그 사람 많이 외롭게 했어요. 저 때문에 많이 힘들었을 거예요. 앞으로 부부라는 이름으로 얼마나 같이 살지 모르지만, 그때까진 잘해주고 싶어요. 심지어 여기 일도 도와주겠대요. 그러니까 어머니도 미란이 미워하지 마시고, 잘 대해주세요. 그래주실 거죠?"

"아이고, 알았다 알았어. 누구 엄명이라고?"

"어머니도 참."

한참을 호탕하게 웃던 성수는 이내 표정을 추스르고 옷매무새를 다듬더니, 사뭇 진지한 표정으로 동숙에게 말했다.

"어머니, 죄송해요."

성수의 뜬금없는 한마디에 동숙은 의아한 듯 되물었다.

"아들! 왜 그래? 갑자기 죄송은 왜?

"그동안 제가 못나게 군 거……. 다 용서해주세요. 저 때문에 많이 속상하셨죠? 속마음은 그렇지 않은데, 저도 모르게 험한 말이 많이 나왔어요."

성수를 물끄러미 바라보던 동숙은 성수에게 다가가 손을 부여잡더니, 이내 성수의 손등을 톡톡 두드리며 말했다.

"엄마야말로 미안하다. 네가 얼마나 이해해줄지 모르겠지만……. 그때 엄마는 그렇게 하는 게 최선이었어. 그게 널 사랑하고 지키는 방법이라 생각했던 거야. 아버지와 내가 힘든 상황에서도 버틸 수 있었던 건 오직 너 때문이었어. 그게 너를 힘들게 할 거라고는 전혀 생각하지 못했지만. 그 시절 엄마의 시곗바늘은 오로지 너만 보고 달렸다는 거……. 이해할 수 있겠니?"

성수는 대답을 하는 대신 맞잡은 손을 꾹 하고 힘주어 눌렀다. 동숙도 고개를 끄덕이며 성수를 그윽이 바라봤다. 근래에 좀처럼 볼 수 없었던 모자간의 훈훈한 풍경이었다.

같은 길을 걷다

이 회장이 전격적으로 손을 떼고 성수가 맡아 운영하게 된 재동전기에도 새바람이 불어오는 듯 보였다. 언제까지 성수가 이회장 자리를 대신할지는 알 수 없었으나, 성수는 하는 동안은 최선을 다하기로 마음먹었다. 그게 다른 형제들에 대한 예의이자, 그동안 자신에게 가려져 그림자처럼 지내온 날들에 대한 보상이라 생각했다. 튼튼한 기업을 인수인계해주는 것이 그간의 빚을 갚는 방법이라 생각한 것이다.

그즈음 이 회장은 집에서 쉬면서 소일거리로 화초 가꾸는 일을 배우기 시작했다. 정확히 말하자면 가꾼다기보다는 김 집사가 관리하는 화분들을 옆에서 도우며 키우는 일이었다. 언제 물을 주고, 언제 바깥에 내놓아 볕을 쐬게 해야 하는지 등 말이다.

아침저녁으로 조금씩 물을 줘야 하는 화초가 있는 반면에 한 주일에 한 번, 혹은 두 주일에 한 번씩만 화분의 흙이 흠뻑 젖을 정도로 줘야 하는 것도 있는데, 화초들의 성격에 따라 필요로 하는 것을 챙겨주는 일이었다.

매일 물을 줘야 하는 꽃나무들에는 제때 물을 주려고 부단히 노력했고, 일주일에 한 번씩 줘야 하는 경우에는 기다리는 시간을 즐기며 그렇게 지내고 있었다. 이를 어기고 너무 자주, 혹은 너무 많이 물을 준다거나 깜빡하는 사이에 물을 주지 못해 말려 죽이는 경우가 생기면 안 되겠기에 은근히 신경이 쓰이기는 했다. 하지만 그마저도 이 회장은 감사한 마음으로 하고 있었다.

조심스레 화분을 다루듯 꽃나무들도 저마다의 특성에 맞게 길러야 함이 옳은 일이듯, 자식도 그렇게 키웠어야 함을 뒤늦게 깨닫고 있었던 것이다.

그런 이 회장의 모습을 곁에서 묵묵히 지켜보던 동숙이, 이느 날 조용히 말을 꺼냈다. 성수의 제주도행 제안을 이 회장에게 넌지시 건넨 것이다.

"음……, 제주도에서 살자고?"

이 회장의 목소리는 덤덤했다. 이때다 싶은 동숙은 이 회장 곁으로 다가가 다시 말했다.

"괜찮은 생각이지 않아요? 당신이랑 나랑 자연 속에서 지내면서 가끔 성수도 들여다보면서요."

이 회장은 '좋다', '싫다' 대답하는 대신 방 안에 있는 산세비에리아를 만지작거렸다.

"여기 일은 애들한테 다 맡기고, 우리도 이제 마음 편히 지내는 거 어때요? 그동안 너무 앞만 보고 달렸잖아요, 당신."

동숙이 이렇게 말하며 이 회장의 표정을 보니 동숙에 대한 마음이 어느 정도 누그러진 듯 보였다. 그러니 이렇게 잠자코 앉아서 동숙의 말을 받아주는 것이라 생각하고 있었다. 그런데 이 회장은 동숙의 생각보다 훨씬 더 많이, 동숙을 안쓰럽게 생각하고 있는 듯했다.

"'열심히'로만 치자면 당신 노고도 빼놓을 수 없지. 박동숙 여사 때문에 지금의 내가 있고 우리 회사가 있는 걸 나도 잘 안다고. 알고말고."

이 회장 방식의 칭찬은 세련되지 않지만, 따뜻한 마음이 묻어 있었다. 그걸 아는 동숙의 눈에는 어느새 그렁그렁 눈물이 맺혔다. 이 회장은 동숙의 눈가를 닦아주면서 어깨를 토닥였다. 동숙은 이 회장 가슴에 안겨 한참을 더 울었다. 지난 세월이 파노라마처럼 스쳐갔다. 그렇게 봄이 깊어가고 있었다.

가 족 이 라 는 것

성연은 요즘 밀려드는 일감에 행복한 비명을 지르고 있었다.
무엇보다 성수가 사장 자리에 오르자마자 서울 도심에 있는 한
멀티쇼핑몰의 LED 조명 교체작업에 입찰해 계약을 따냈기 때
문이었다. 실내 인테리어 조명을 특히 신경 써달라는 주문 때
문에 성연은 날마다 야근하지만, 그 어느 때보다 즐겁게 일하
고 있다.

호철 역시 자신의 업무만으로도 바쁜 나날을 보내고 있었지만,
성연을 돕는 일을 결코 소홀히 하지 않았다. 성수나 성민 모두
각자의 자리에서 이 회장이 일구어놓은 회사를 더 잘 살려나가

기 위해 애쓰는 모습이었다.

물론 성수의 자리를 놓고 성민과 호철의 선의의 경쟁은 여전히 계속되고 있었다. 성수 역시 이들의 추격을 오히려 반기는 마음으로 기꺼이 회사 일에 매진했다. 그즈음 미란에게서 반가운 소식이 들려왔다.

"당신, 그게 정말이야? 장인어른 생각이라고?"

믿기지 않는다는 듯 재차 묻는 성수에게 미란은 웃으며 말했다.

"그렇다니까요. 우리 아빠가 당신 학교에 출연금을 내시겠대요!"

어안이 벙벙한 모습으로 성수는 다시 물었다.

"어떻게 그런 생각을 하셨대? 혹시 당신이 부탁한 거야? 자세히 좀 말해봐. 사실, 우리가 지금 훈훈한 부부 사이도 아니잖아."

"당신도 참······. 그렇다고 안 훈훈할 건 뭐 있어요?"

이렇게 말하며 미란은 까르르 웃어보였다. 그러면서 미란은 아버지가 하신 이야기를 덧붙어나갔다.

"아빠 말씀이……, 이번에 나랑 당신 지켜보면서 느낀 게 많았대요. 돈이면 다 될 거라고 생각하며 살았던 지난 세월이 부끄럽다나요? 이제라도 자식과 사위한테 괜찮은 어른이 되고 싶어서 이런 결정하신 거래요. 엄마도 대찬성 하셨구요."

"우리도 잘한 거 없는데 괜스레 더 미안해지는군."

성수는 장인의 이 같은 결정에 몸 둘 바를 몰라 했다.

"그렇다고 마다할 건 없어요. 우리도 우리지만, 아버지 당신 스스로도 좋은 일에 참여하고 싶어서 그러신 거니까요. 당신이 좋은 공간 만들어서 이 땅의 희망인 청소년들을 좀 더 잘 교육시키는 일을 한다면 앞으로도 얼마든지 지원하고 후원하시겠대요. 심지어 당신이랑 이혼해도 그것과는 상관없이 추진하신다니 놀랍지 않아요?"

"정말?"

성수의 눈이 휘둥그레지자 미란은 그런 표정은 처음 본다는 듯 한참 웃다가 이내 성수를 떠보듯 표정을 살짝 바꾸며 말했다.

"하지만 나는 아니에요. 당신이랑 사는 동안만 곁에서 도울 거니까 나한테 큰 기대는 하지 마세요! 알았죠?"

"무…… 물론이지. 당장에 나 버리지 않는 것만으로도 고마운걸, 뭐."

성수의 이 같은 발언에 미란은 방이 떠나가라 배꼽을 잡고 웃었다. 얼마 만에 이렇게 웃어보는지, 미란 스스로 생각해도 놀라웠다. '하루라도 빨리 이 집에서 나가야지' 하고 생각했던 미란이었는데 미운 정도 정이라고 어느새 시끄럽기만 했던 이 집이 측은하고 정겹게 느껴지다니, 앞에 있는 이 사람 '이성수'가 예전처럼 싫지 않다니, 오히려 당혹감마저 느끼고 있었다.

또 다른 목표

성수와 미란의 사이가 한 뼘 가까워진 만큼 성수와 성연, 성수와 호철의 관계도 경쟁관계를 넘어 진정한 의미의 가족에 더 가까워지고 있는 듯했다.

서울과 제주도를 오가며 바쁘게 일하고 있던 성수에게 호철과 성연이 근사한 선물을 했다. 바로 대안학교 내의 모든 조명을 성연이 직접 디자인해주기로 한 것이다.

사실 회사 내에서도 성연이 맡은 일이 워낙 많기 때문에 이것까지 해달라고 부탁할 엄두는 처음부터 내지 않았다. 그런데 성연이 기꺼이 해주겠다고 하니, 마다할 이유는 없었다.

"오빠! 이 공간을 꿈의 공간으로 만들어주고 싶어. 그래서 말인데, 나한테도 그 기회를 주지 않겠어?"

"물론이지. 네가 도와준다면야 ……. 근데, 기회라니? 새삼 무슨 기회? 도와주기로 해서 지금 여기 온 거 아냐?"

"에잇, 왜 못 알아듣고 그래? 내 입으로 얘기하자니 쑥스럽잖아……."

"쑥스럽다고? 뭔 얘기를 하려고 그러는데? 여기 인테리어 조명 도와준다는 거 아냐?"

못 알아듣는 건지 못 알아듣는 척하는 건지, 성연은 답답한 듯 성수의 얼굴을 빤히 쳐다보다가 말했다.

"그동안 오빠한테 바득바득 대든 거 미안하다고. 나 서운한 것만 생각하느라 오빠 힘든 건 생각 못 했어. 하긴, 내가 오빠 입장이었어도 그랬을 거야. 아니 더하면 더했을 걸? 사실 …… 아버지 저렇게 약해지는 모습 보니까, 우리끼리 싸우는 게 다 무슨 소용인가 싶더라고. 안 그래, 오빠?"

성수는 성연의 그 마음이 진심으로 고마웠다. 오빠로서 좀 더 너그럽게 안아주지 못한 게 미안하게 느껴졌다. 성수 역시 그 마음을 전하려고 입을 떼려는 순간, 성연이 말했다.

"그렇다고 너무 방심하지는 마! 미안한 건 미안한 거고, 고마운 건 고마운 거고!"

성연의 말에 성수는 웃으며 말했다.

"그럼 그렇지, 이성연이 왜 갑자기 천사표가 됐나 했다. 그래서 앞으로 어쩔 건데?"

성연은 씩 웃으며 대답했다.

"오빠! 이인자의 생명력에 대해 알아? 그거 은근히 질기다! 왜냐고? 목표가 있기 때문이지! 일인자라는 목표가 눈앞에 떡하니 있는 한, 포기는 없다는 얘기야! 암 …… 그렇고말고. 오빠가 거기 있는 한, 나랑 호철 씨도 계속해서 달릴 수 있다는 거 잊지 말라고! 알았지?"

"얼마든지 환영이야! 선의의 경쟁. 그거야말로 진짜 재미있는 게임이니까! 참 참,…… 성민이도 빼놓으면 안 될 걸? 너야말로 성민이 방심하지 말라고! 알았지?"

"물론이지! 하하하!"

성수와 성연은 환하게 웃었고, 곁에서 지켜보던 호철도 성연의 어깨를 토닥거리다가 성연과 하이파이브를 하며 외쳤다.

그렇게 제주도의 꿈의 공간은 점차 모양새를 갖춰나갔다.

툇마루 5:
가족기업 종합진단

　　지금까지 비가족기업의 경우 경영 전반에 걸쳐 어려운 문제가 발생하거나 미래의 발전방향을 확인하면 이에 대응하기 위해 일반적인 방법으로 경영진단을 실시해왔다. 그리고 이를 바탕으로 문제점을 도출하고 해결방안을 강구해왔다. 이러한 기법들은 경영 분야별, 계층별, 산업별, 목적별로 매우 다양하고 심도 있게 발전해, 오늘에 이르고 있다.

　　가족기업을 진단하고 개선하고자 할 때는 비가족기업을 대상으로 개발된 경영 모델로는 한계가 있다. 가족기업에는 비가족기업에서 발생하지 않는 특수한 문제들이 존재하며, 의사결정을 하기 위한 우선순위가 비가족기업과는 사뭇 다를 수 있기 때문이다.

　　가족기업은 가족과 기업이라는 이질적인 특성이 혼재하기 때문에 비가족기업이 겪게 되는 문제나 도전 외에도 가족의 비전, 승계, 전략, 일과 가정의 균형 , 갈등관리 등 가족과 관련된 다양하고 복잡한 문제를 가지고 있다. 이러한 문제들은 기업 시스템뿐만 아니라 가족 시스템, 그리고 두 시스템의 경계에 대한 깊은 통찰력을 필요로 한다.

때때로 가족기업의 지속 가능을 위한 전략, 조세문제, 가족 간의 갈등 등의 단일 문제가 제기되어 이에 대한 해결방안을 모색하고자 할 때, 가족과 기업의 복합적인 내용을 파악하지 못하거나 한 단면만을 고려했을 경우 만족스럽지 못한 결과가 나타나는 것은 이를 반증하는 것이라 할 수 있다. 또한 바쁘고 일상적인 경영활동 때문에 어떤 문제가 어떤 형태로 존재하는지조차 모르고 있는 경우라면 더욱 곤혹스럽기까지 하다.

그레파트너스(주)는 독창적인 가족기업 경영 모델인 'Dr. Cho's FB Model'을 기반으로 가족기업 진단모델(FBDM, Family Business Diagnostic Model)을 적용해 가족기업에 대해 종합진단을 실시하고 있다. 이 진단 모델에 근거해 가족기업의 현재 경영관리 수준을 분야별로 살펴봄으로써 기업의 문제가 무엇이고, 무엇을 개선해야 하는지, 우선순위를 어떻게 설정해야 하는지를 명확하게 제시해준나.

'Dr. Cho's FB Model'은 지난 수년간 국내 가족기업이 겪어온 문제를 관찰하고 학문적으로 연구된 가족기업의 주요 이슈를 정리해 여덟 개의 영역으로 모듈화하여 체계화한 가족기업 경영 통합지식 체계이다. 8대 영역을 모듈화하고, 40개의 knowledge, 128개의 small knowledge로 구성해 가족기업 전 분야에 대한 지식체계를 제공하고, 가족기업 경영에서 중요하게 다루어야 할 관리항목들을 이해하게 한다. 이러한 지식체계는 가족기업의 이상적인 경영 모델을 보여주는데, 가족기업 진단모델(FBDM)은 이러한 지식체계를 바탕으로 8개 모듈별로 과학적이고 체계적인 진단이 가능하도록 설계되었다.

Dr. Cho's FB Model과 그 지식 체계

Dr. Cho's FB Model의 BOK

Module(8개)	Knowledge(40개)				
1. 가족계획	가족과 기업의 경계 구별	가족의 역사 정리와 교육	가족의 비전 수립	가족 사명서 선언	가족공통 프로그램 운영
2. 승계계획	승계를 통한 영속성 계획	승계의 전략적 추진	권한 이전에 대한 준비	승계 공포에 대한 계획	은퇴준비
3. 전략계획	전략적 시스템 소유	회사의 비전과 전략 수립	내, 외부 환경과 능력 바탕	차세대를 위한 비가족 멘토배치	사회적 책임 계획
4. 재무계획	재정 계획과 관리	재무 건전성 유지	자본의 조달과 운영계획	CEO의 은퇴 후 재정계획	유산 계획 준비
5. 지배구조	3차원 지배의 이해	임무와 책임의 중요성 인식	가족위원회 운영	이사회 운영 여부	사외 자문조직 운영
6. 후계자육성	후계자의 관심과 열정	후계자 교육 훈련 프로그램	후계자 리더십 계발/관리	후계자 개인 계발 계획	코칭을 통한 피드백
7. 은퇴설계	은퇴의 목적과 의미 숙지	은퇴 준비 시행	은퇴 이후 활동을 위한 자기점검	은퇴 후 목적 선택 수립	은퇴 후 장기적 계획수립
8. 갈등관리	가족과 기업 시스템 이해	갈등의 유형 파악	갈등 대처 유형의 이해	갈등 조정의 원칙 수립	갈등 조정지의 선정과 통제

* Small Knowledge 128개

　가족기업 진단모델(이하 Dr. Cho's FBDM)은 가족기업의 종합적인 수준을 계량화해 나타내고, 모듈별로 개선 과제에 대한 도출 과정을 과학적·시각적으로 표현해준다. 진단 모델에 의해 국내 우수 가족 기업과 해외 우수 가족기업에 대해 정량적인 수준을 나타내고 있어, 진단 기업의 수준과 직접적인 비교가 가능할 뿐만 아니라 분야별 비교까지 가능해 개선이 필요한 영역이 명확하게 드러난다. 진단보고 서는 종합적인 수준과 영역별 수준을 지적해 영역별 문제점에 대한 이해를 돕고, 각 문제점에 대해 해결 방향성을 도출해준다. 또한 Dr. Cho's FB Model과 대비해 개선과제를 수립하고, 수립된 우선순위 에 따라 지적된 이슈들을 체계적이고 단계적으로 해결할 수 있도록 로드맵을 제공한다. 가족기업 종합진단은 약 3주간의 일정으로 진 행되며, 가족기업의 최고 경영자와 후계자에 대한 설문조사, 경영자 및 그 가족, 비가족 전문 경영인 등에 대한 가족 기업 전문가의 심층 인터뷰, 분야별 관리실태 점검 등으로 이루어진다.

가족기업 종합진단은 기업의 관리방식을 구조적으로 개선할 수 있는 체제로의 전환을 모색해준다. 현재 가족기업이 처한 현실을 객 관적으로 바라볼 수 있게 하고 관리방식을 개선하되 가족기업의 특 수성을 반영하도록 함으로써, 가족기업의 장점은 영위하면서도 기 업으로서 한 단계 성장할 수 있도록 도울 수 있다.

진단결과에 따라 가족기업의 취약 부분을 개선하는 네 어떠한 방 식으로 접근해야 할지가 명확해진다. 그레파트너스(주)에서는 개선

Dr. Cho's FBDM에 의한 진단 결과

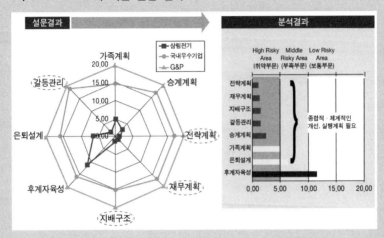

(가) 종합진단 결과

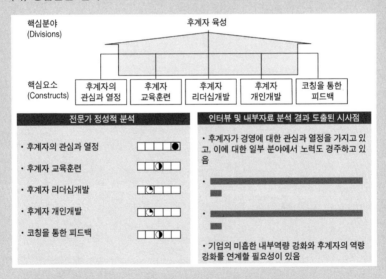

(나) 분야별 진단 결과

필요 영역을 혁신하는 방법으로 크게 두 가지 다른 접근방법을 제안한다. 가족기업의 취약 부분과 내부 상황에 따라 단기적으로 집중해서 개선할 것인지, 점진적으로 할 것인지 구분한다. 단기에 집중적으로 할 경우에는 분야별로 3개월 내지 6개월 동안 진행된다.

솔루션 컨설팅이라고 불리는 단기 집중 컨설팅은 승계 및 후계자 육성, 가족계획과 은퇴설계, 전략계획, 재무계획 등 분야별로 네 개의 패키지 형태로 구성되어 있다. 혁신 필요 부분에 대해 세부적인 현황을 구체적으로 파악해 FB 모델과 비교·분석함으로써 중장기적인 가족기업의 체질에 필요한 세부적인 개선사항을 제시한다. 개선 필요 부분에 대해 구체적인 경영혁신 매뉴얼이 제시되어, 가족기업 구성원이 즉각적으로 현장에서 활용할 수 있도록 한다.

반면에 개선 필요 내용의 특성과 기업의 여건에 따라 장기적으로 개선 프로젝트를 진행할 수 있다. 가족기업 멘토링은 상시 자문의 형태로 진행되는데, 여덟 개 분야에 대한 가족기업 멘토링 프레임워크 안에서 종합적·체계적인 연계성을 갖고 이루어진다. 멘토링의 경우 문제의 해결방향에 대한 제안은 물론이고, 해결과정에 컨설턴트와 경영진이 공동으로 참여해 문제의 해결과정에 개입하고, 가족기업 경영자는 이러한 과정을 통해 가족기업에 적합한 관리방식을 습득할 수 있다.

가족기업에서 발생하는 문제의 발견과 해결책의 제시는 가족기업 전문가에 의해 통합적으로 이루어지는 것이 바람직하다. 가족으로서의 감정적인 문제, 단편적인 문제가 아닌 복합적인 이슈, 기간적으로 장기간의 해결과정을 밟을 수밖에 없는 문제 등에 대해 가족기업 전문가만이 정확한 진단과 해결 방안을 체계적으로 제시할 수 있기 때문이다.

끝 의 시 작

성수는 제주도로 가는 비행기 안에서 SNS를 살펴보다가 장 상무의 딸 은조가 남긴 글을 보게 됐다. 누군가 쓴 글을 '공유'해 자신의 타임라인에 올린 것이다.

"새로운 일을 시작함에 있어서 완벽한 타이밍이란 없다."

성수는 생각했다. 오래전부터 계획한 대안학교 설립에 대해서였다.

꿈을 먼저 꾸었고, 마음이 앞섰다. 그렇게 시작한 일이었다.

세월이 한참 흘러 먼 길을 돌고 돌아 성수는 자신의 오래전 꿈을 다시 꺼낼 수 있었고, 세상에 내보일 수 있게 됐다. 그날이 오기까지 많은 시간이 걸렸다. 무수한 시행착오가 있었고 그로 인한 아픔의 세월도 견뎌야 했다.

그러고 보면 어떤 일이나 어떤 관계를 만들어나가는 데 완벽한 타이밍이 없다는 말은 진리라는 생각이 들었다.

때론 부족하고 때론 손에 쥔 게 없다고 할지라도, 일단 시작하면 길이 보인다. 도움의 손길도 생긴다. 점점 할 수 있다는 희망이 생기고, 그것은 끝내 '해냈다'는 결과로 이어지기도 한다.

성수는 요즘 그것을 제대로 경험하고 있었다. 순간순간 그 현상을 유지하기 위해 작용과 반작용이 끊임없이 이어지는 기업 경영과 대안학교 설립이 그러했고, 무엇보다 고무적이라고 느낀 것은 어렵게만 느껴졌던 가족구성원끼리의 관계가 회복된 것이다. 언제까지 으르렁거리고만 살 줄 알았던 가족이 상대방의 햇살과 그늘까지 모두 보게 되고, 그 마음을, 그 삶을 차츰 인정하게 되면서 서로간의 마음의 벽을 조금씩 허물었다는 것! 그것만으로 대단한 성과라고, 아니 지금까지 한 일 중에서 가장 잘한 일이라고, 성수, 동숙, 이 회장 모두 생각하고 있었다.

*

"오빠, 거기서 시계 위치 좀 봐줘. 제대로 걸렸어?"

"어디 보자. 약간만 오른쪽으로. 아니 아니……, 너무 많이 갔다. 살짝만, 그렇지. 약간 왼쪽으로. 그래그래 이제 됐다."

성수와 성연은 완공된 학교에서 마지막으로 실내 장식을 점검하고 있었다. 어디쯤에 시계를 걸어놓으면 좋을지 서로 의견을 주고받으며 아이들이 지낼 공간을 예쁘게 꾸미고 있었다. 그때 성연이 말했다.

"오빠! 엄마랑 아빠 마음도 이랬겠지? 우리 키울 때 말이야. 좀 더 예쁜 걸로, 좀 더 좋은 걸로 해주고 싶은 마음 말이야……."

"당연하지. 물론 내가 그 혜택을 가장 많이 받은 건 미안하지만, 하하."

"오빠도 참, 그런 얘기가 아니라……."

"알아, 네 마음. 그러니까 부모님한테나 나한테나 더는 미안해하지 않아도 돼. 오히려 너랑 성민이한테 미안한 건 우리라니까! 나랑 부모님 말이야."

"오빠! 나도 이제 늙나봐. 부모님 마음이 헤아려지는 걸 보면 말이야. 휴, 좀 더 일찍 깨달았으면 좋았을걸, 후후."

성수는 성연의 어깨를 툭 치며 놀리듯이 말했다.

"이제라도 알았으면 됐거든요! 그러니 얼른 가서 나머지 소품도 달아주세요!"

"네!"

명쾌하게 대답하며 이내 다른 교실로 옮겨가는 성연의 발걸음이 무척이나 가볍게 느껴졌다. 그 모습을 바라보는 성수의 입가에도 환한 웃음이 번지고 있었다.

에필로그

"굿나이트 아날로그! 굿모닝 디지털!"

언젠가부터 모든 분야에서 이 슬로건이 적용되고 있다고 해도 과언이 아닐 것이다. 세상이 그만큼 빨리 변해가고 있다는 이야기다. 아니, 지금도 빠른 속도로 변해가고 있다. 이에 많은 가족기업도 시대의 흐름과 속도에 발맞춰 나가고 있는지 아니면 여전히 그 시절에 머물러 있는지, 냉정하게 돌아볼 필요가 있다고 생각한다. 그 가운데 진정으로 지켜내야 할 아날로그는 무엇인지 찾아내는 노력과 함께 또 다른 디지털 창조를 이뤄내기 위해 끊임없이 노력해야 하는 것이 지금의 중견 가족기업들에 닥친 당면 과제일 것이다.

최근 국내에서는 역사 드라마의 인기가 식을 줄 모르고 상승하는 중이다. 특히 인상적인 부분은 주인공뿐만 아니라 주인공을 중심으로 등장하는 각 인물의 특성에도 초점을 맞춰 전개된다는 점에서 보는 이들의 재미를 배가시키고 있다. 특히 왕과 신하가 등장하는 역사물을 보면 국왕 중심의 강력한 '왕권정치'와 재상들이 머리를 맞대고 벌이는 토론을 통해 합리적인 정책을 펼침으로써 권력분립과 견제의 원칙을 이어가려는 '재상정치' 바로 이 둘의 경계에 대한 해석과 갈등구조가 많이 나타나는데, 이는 가족기업에서도 동일하게 나타나는 모습이라 할 수 있다.

다시 말해 기업의 지배구조 역시 그 경계에 대한 논의가 다르지 않은데, 오너의 소유와 경영, 전문 경영인의 소유와 경영의 분리 형태를 들 수 있을 것이다.

또한 최대 주주 및 특수 관계인 한 명 이상이 기업의 지분을 소유하고 경영에 참가하고 있으며, 가족구성원이 전략계획에 영향을 미치는 가족기업의 경우 이러저러한 논란의 중심에 서 있다는 것은 피할 수 없는 사실이며, 안타깝게도 긍정적인 면보다는 부정적인 시각으로 지금까지 존재해온 것도 자명하다. 그러나 우리나라의 경우 산업화의 역사가 얼마 되지 않아 많은 기업이 창업자를 중심으로 한 가족기업의 형태로 발전해왔고, 가족기업이 지니고 있는 잠재력이 성장을 견인했다는 점을 부인할 수 없으며, 단기적인 경영성과에 연연하지 않고 과감한 투자와 혁신, 책임경영을 통해 지속적으로 성장을 이루어낸 것은 상당히 고무적이라 생각한다. 물론 이 과제는 계속 이뤄내야 하는 몫이기도 하다.

한편 요즘의 가족기업 상황을 살펴보면 1960~1970년대에 세워진 산업화 세대의 은퇴 시기가 도래하면서 장수 기업이 되기 위한 승계를 고민하게 되고, 여기에 갈수록 심해지는 경쟁과 그로 인한 기업수명의 단축이 기업경영에 어려움을 가중시키고 있다고 할 수 있다. 따라서 업(業)의 개념도 지속 성장을 위해 끊임없이 수정하고 확장해야 하는 것은 물론이고, 사회 속에서 철저한 윤리의식과 기본에 충실한 모습, 보이지 않는 곳까지 제대로 신경 써야 하는 노력 등은 절대로 간과해서는 안 될 부분으로 보인다.

이제 가족기업의 시각도 일부 편향된 관점을 넘어서 장수 기업으로 꾸준히 성장·발전하기 위해서는 가족이 중심이 되는 가족 승계, 전문 경영인과의 역할 협력, 그 외 M&A 등 생물처럼 살아 숨 쉬는 경영현장 등을 다양한 방향에서 바라볼 수 있어야 한다고, 다시 한 번 강조하고 싶다.

*

2년 전 출간한 『수성』에서는 경제의 중요한 위치를 차지하고 있는 중소·중견 가족기업의 주된 관심사인 '승계'라는 키워드를 통해 수성과 관련된 준비항목을 이해하고, 균형 잡힌 해법을 발견하는 과정을 전반적으로 다루었다.

한편 이번 『수성, 가족기업의 두 번째 이야기』에서는 (주)재동전기라는 하나의 기업이 소기업 형태로 시작해 중견 가족기업으로 성장한 일련의 '기업 이야기'를 통해 사람들의 갈등을 조율하고 이들을 규합하기 위해 어떤 가치를 내세워야 하는지, 그 가치를 충성, 독창성, 협력 등 어떤 방법으로 버무려내는 것이 좋은지, 또한 디지털 시대에 발맞추어 지속적으로 성장해가려면 과연 어떤 부분을 보완·수정·발전시켜야 하는지에 대해 초점을 맞추었다.

여기에 더해 가족기업들에 대한 컨설팅 업무를 하는 동안 많은 이들이 관심을 보이고 질문했던 내용 중에서 가계도와 갈등 관리, 상담과 치료, 새로이 만들어진 코넥스 시장, 가족기업의 인수와 합병(M&A), 가족기업 경영 모델에 의한 '가족기업 종합진단'에 관련한 글을, 이야기 전개에 따라 해당 내용 뒤에 기술함으로써 각자의 가족기업에 적용해 혁신의 지혜를 얻도록 했다.

끝으로 '중견 가족기업'의 경우, 가족도 살리고 기업도 살리기 위해서는 가족구성원 한 명 한 명이 지닌 상처를 치유하는 것이 급선무라고 생각한다. 시간이 다소 걸리더라도 끊임없고 결코 포기하지 않는 '소통'을 통해 상처가 치유될 때, 그다음 단계로의 발전과 성장은 자연스럽게 이루어질 것이다.

단언컨대 소통을 통한 가족 간의 치유와 회복이 이루어지면 그다음은 쉬워진다. 서로의 필요를 알아서 채워줄 수 있기 때문이다. 그렇게 서로서로 연합하다 보면, 어느새 안팎으로 탄탄해진 '중견 가족기업'의 모습이 눈앞에 펼쳐질 것이다.

그렇게 되기를 간절히 소망하는 마음으로, 『수성, 가족기업의 두 번째 이야기』를 출간하는 바이다.

지은이

조창배(chang@grepartners.co.kr)

건국대학교 대학원에서 경영학을 전공하고, 「가족기업의 컨설팅 모형설계 및 그 유용성에 관한 연구」로 경영학 박사학위를 받았다. 기업에서 경영기획, 신규사업, M&A 등의 업무를 경험했고, 투자전문회사에서 M&A, 구조조정, 투자 업무를 수행했다. 현재 투자 및 가족기업 컨설팅 전문회사인 그레파트너스(주) 대표이사를 맡고 있으며, 부설 가족기업경영연구원 원장, (사)한국국제경상교육학회 산학협력부회장, (재)태경장학회 감사로 활동하고 있다.

장수 가족기업 경영모델인 'Dr. Cho's FB Model'을 개발하여 컨설팅 및 교육을 통해 꾸준히 보급하고 있으며, 가족기업의 가장 중요한 가치를 '유(有)에서 새로운 유(有)를 창조하는 수성(守成)'에 두고 이를 어떻게 가족기업에 장수 DNA로 접목할 수 있을까를 끊임없이 고민하고 있다. 또한 중소·중견 가족기업을 발굴하여 전문으로 투자하는 사모투자펀드(PEF)도 준비 중이다.

저서로는 『수성(守成)』(2012, 공저), 『뻔뻔으로 혁신한다』(2006, 공저)가 있다.

문혜영(snazzy1@hanmail.net)

서울예술대학에서 문예창작학을 전공했고, KBS, SBS, CBS 등의 방송국에서 18년째 라디오 방송작가로 활동 중이다. 평소 가족기업과 관련된 전문가들을 많이 만날 기회가 있었고 개인적으로 상담심리, 심리치료 등에 관심이 많아 이러한 것들을 가족기업에 접목시켜 잘 녹여내고 싶었다. 스토리텔링 기법으로 가족기업 전문가들은 물론 일반인들에게도 쉽고 친숙하며 재미와 감동까지 전해지길 바라는 마음으로 이 책을 엮었다. 현재 CBS 라디오 <이성재의 CCM CAMP>의 대본을 집필 중이다.

저서로는 감성 치유 에세이 『내일은 괜찮아질 거야』(2011)와 경제 경영 실용서 『수성』(2012, 공저)이 있다.

수성, 가족기업의 두 번째 이야기

100년을 지키고 200년을 이어갈 소통과 혁신의 DNA

ⓒ 조창배·문혜영, 2014

지은이 | 조창배·문혜영
펴낸이 | 김종수
펴낸곳 | 서울엠

편집 | 염정원

초판 1쇄 인쇄 | 2014년 9월 30일
초판 1쇄 발행 | 2014년 10월 5일

주소 | 413-120 경기도 파주시 광인사길 153 한울시소빌딩 3층
전화 | 031-955-0655
팩스 | 031-955-0656
홈페이지 | www.hanulbooks.co.kr
등록번호 | 제406-2003-000051호

Printed in Korea.
ISBN 978-89-7308-163-9 03320